Der Geschichtenbär Mit bunten Bildern

Anne Braun
wurde 1956 im Schwäbischen geboren. Seit dem Übersetzerstudium an der
Universität Heidelberg ist sie als Sprachenlehrerin und als Übersetzerin
für Italienisch, Französisch und Englisch
sowie als Herausgeberin und Autorin tätig.

In der BENZIGER EDITION hat Anne Braun außerdem herausgegeben:
»Weihnachtsgeschichten«
»Frühlings- und Ostergeschichten«
»Nikolaus- und Adventsgeschichten«
»Geschichten von großen und kleinen Tieren«
»Das große bunte Bärenbuch«
»Das große Vorlesebuch fürs ganze Jahr«

Gisela Kalow
wurde 1946 geboren. Sie studierte Verlagsgrafik und arbeitete danach
in einem Schulbuchverlag. Seit vielen Jahren ist sie
freiberuflich tätig als Bilderbuchmalerin und Grafikerin.
Heute lebt sie mit ihrer Familie im Taunus.

Anne Braun (Hrsg.)

Wenn der Mond am Himmel steht

Die schönsten
Gute-Nacht-Geschichten

Mit farbigen Bildern
von Gisela Kalow

BENZIGER
EDITION

Die Deutsche Bibliothek – CIP-Einheitsaufnahme

Wenn der Mond am Himmel steht :
die schönsten Gute-Nacht-Geschichten
Anne Braun (Hrsg.).
– 1. Aufl. – Würzburg : Benziger-Ed., 1993
ISBN 3-401-07134-3

1. Auflage 1993
© Benziger Edition im Arena Verlag, Würzburg 1993
Alle Rechte vorbehalten
Herausgegeben von Anne Braun
Einband und Innenillustrationen: Gisela Kalow
Gesamtherstellung: Chemnitzer Verlag und Druck GmbH,
Werk Zwickau
ISBN 3-401-07134-3

Inhalt

1. KAPITEL
ZUM EINSCHLAFEN ZU MURMELN

2. KAPITEL
WENN DIE TIERE TRÄUMEN

3. KAPITEL
VOM MANN IM MOND
UND ANDEREN TRAUMGESTALTEN

1. Kapitel

Zum Einschlafen zu murmeln

MICHAEL ENDE

Zum Einschlafen zu murmeln

Dusel dusel schummerlich
mir ist schon so schlummerlich.
Nur die gute alte Uhr
macht ihr Ticktack auf dem Flur.

Feines Kissen, weich und warm.
Liebes Kuscheltier im Arm.
Den Papa und die Mama
hab' ich lieb, und sie sind da.

Nirgends ist es wie im Bett
so gemütlich und so nett.
Was wohl morgen werden mag?
Morgen wird ein schöner Tag.

Dusel dusel schummerlich
sachte Welle schaukelt mich,
wie auf einem Schiffchen leise
geh' ich auf die Traumesreise.

PEARL S. BUCK

Wenn es dunkel wird

Als es dunkel wurde, kam die Mutter aus dem Haus und rief: »Es wird Abend, Kinder. Räumt eure Wagen und Dreiräder auf und kommt ins Haus!«

Michael, der das nicht gern hörte, erwiderte: »Ich will nicht, daß die Nacht kommt, ich möchte weiterspielen!«

»Ich mag noch nicht ins Bett gehen«, schrie David.

Peter aber sagte gar nichts. Er sah, daß die Sonne vom Himmel verschwunden war und wie es unter den Bäumen finster wurde. Da beeilte er sich, stellte sein Dreirad in den Schuppen und lief zur Mutter, die vor der Haustür wartete.

»Gehen wir ins Haus«, sagte er.

»Gleich, gleich«, antwortete die Mutter, »wir wollen noch auf die anderen warten.«

Nach kurzer Zeit kamen sie, und alle gingen nun ins Haus. Peter drehte das Licht an. Zuerst im Hausflur, dann im Treppenhaus, dann im Kinderzimmer. Überall, wo er hinging, drehte er das Licht an. Dann wurde gebadet und gegessen, Vater und Mutter mußten noch Geschichten erzählen, und nach dem Gutenachtkuß krochen sie in die Betten. Zuerst drehte Vater im Zimmer der beiden Mädchen das Licht aus und sagte: »Gute Nacht, ihr beiden!«

»Gute Nacht«, antworteten Judith und Barbara.

Dann drehte Vater das Licht im Bubenzimmer aus. »Gute Nacht, ihr Lauser!«

»Gute Nacht«, erwiderten David und Michael.

Dann kam Vater in Peters Zimmer; Peter hatte ein kleines Zimmer für

13

sich allein. Er lag im Bett, zugedeckt bis ans Kinn. »Vati, bitte mach das Licht nicht aus!« bat er verzagt.

Der Vater war erstaunt. »Warum, Peter?« fragte er. »Warum soll ich das Licht nicht ausdrehen?«

»Weil ich nicht will, daß das Dunkel in mein Zimmer kommt«, antwortete Peter. Er sprach so leise, daß der Vater ihn kaum verstehen konnte.

»Aber, Peter, hast du denn Angst vor der Dunkelheit?« fragte er.

»Ja!« flüsterte Peter ganz, ganz leise.

Vater setzte sich auf einen Stuhl neben dem Bett, dachte einen Augenblick nach und sagte: »Paß auf, Peter! Als ich noch ein kleiner Junge war wie du, hatte ich auch Angst vor der Dunkelheit.«

»Und jetzt, jetzt hast du keine Angst mehr?« fragte Peter.

»Nein«, antwortete der Vater, »jetzt brauche ich keine Angst mehr zu haben. Ich weiß, was das Dunkel ist.«

»Was ist es denn?« fragte Peter.

»Die Sonne geht weg, damit wir ruhig schlafen können«, sagte der Vater. »Wenn die Sonne nicht wegginge, dann könnten wir nicht schlafen, weil es zu hell wäre. Wenn wir nicht schlafen könnten, dann könnten wir auch nicht spielen und arbeiten, weil wir zu müde wären. Auch die Tiere und Pflanzen wären zu müde und könnten nicht wachsen. Deshalb geht die Sonne jeden Tag fort und läßt uns im Dunkeln schlafen.«

»Und das ist alles?« fragte Peter.

»Das ist alles«, erwiderte der Vater. »Soll ich jetzt das Licht ausdrehen?«

»Ja«, sagte Peter, und gleich darauf schlief er schon, und die gute, stille Dunkelheit hüllte ihn ein.

ACHIM BRÖGER

Sie kommen!

Schläfst du schon?« fragt mein Bruder aus seinem Bett.
»Klar«, sage ich, und er kichert leise.
Ruhig ist es. Die Bettdecke meines Bruders sehe ich als großen hellen
Fleck vor der dunklen Wand gegenüber. Eigentlich finde ich gut, daß
wir zusammen in einem Zimmer schlafen . . . oder wach lie-
gen . . . wie eben.
»Hör mal«, sagt er, »ich glaub', die Eltern zanken.« Ganz still liege ich.
Wirklich, aus dem Wohnzimmer klingen ihre Stimmen ziemlich aufge-
regt und laut bis hierher. »Worüber streiten die?« frage ich.
»Keine Ahnung«, sagt mein Bruder. »Ich find' das jedenfalls doof.«
Mir gefällt das genausowenig. Ich hab' dann so ein ängstliches Gefühl.
Trotzdem beruhige ich meinen Bruder: »Wir zanken uns doch auch
manchmal.«
»Bei uns ist das nicht so schlimm«, sagt er. Und jetzt sagt er noch: »Ich
erschreck' immer, wie die Eltern dann aussehen. Ganz wütend. Als
könnten sie sich nie mehr leiden.«
»Wollen wir sie fragen, warum sie zanken?« frage ich. Einen Augenblick
überlegt mein kleiner Bruder. Na ja, eigentlich ist er genauso groß wie
ich. Aber ich bin über ein Jahr älter als er.
»Ja«, sagt er, »wir gehen rüber und fragen. Außerdem schimpfen wir mit
ihnen, daß sie so laut schimpfen. Da kann man ja nicht einschlafen.«
»Wir schleichen uns an«, schlage ich vor.
Jetzt stehen wir auf, der Martin und ich. In seinem weißen Schlafanzug
sieht er fast wie ein Gespenst aus. »Ich nehm' die Taschenlampe mit«,
sagt mein Bruder-Gespenst.

Nebeneinander stehen wir und horchen. Im Augenblick hören wir nichts von den Eltern. Haben die schon ausgestritten?

Wir gehen durch unser anderes Zimmer, in dem wir tagsüber spielen und Schularbeiten machen. Die zwei Schreibtische, die Schränke, der Kran auf dem Fußboden und die Burg sind jetzt dunkle Schatten.

»Psst«, mache ich und drücke vorsichtig den Türgriff.

Da drüben auf der anderen Seite des Flurs ist das Wohnzimmer.

Mama sagt etwas. Laut klingt das. Ich verstehe nicht, worüber sie schimpft.

»Du«, flüstert mein Bruder, »ich glaube, ich mag doch lieber nicht zu ihnen.« Dann fragt er: »Wollen wir ins Schlafzimmer schleichen und dort auf sie warten?«

»Ja«, sage ich. Leise und auf Zehenspitzen gehen wir über den Flur. Die Schlafzimmertür steht ein Stück offen. Wir huschen in den dunklen Raum und ziehen die Tür hinter uns zu.

Martin knipst die Taschenlampe an. Weiß und glatt liegen die Decken auf den Elternbetten. »In welchem versteckst du dich?« frage ich.

»In dem«, sagt er und zeigt auf Papas Bett, das näher an der Tür steht. Gut, dann nehme ich Mamas.

Ich schlage die Decke zurück und krieche hinein. Kühl ist es. Hört man was von draußen? Nein, nichts.

Martin liegt neben mir. »Gib mir mal die Taschenlampe«, flüstere ich.

Ich leuchte auf Papas Bett. Martin ist ganz unter die Decke gekrochen. Und ich sehe, die Eltern werden sofort erkennen, daß sich da einer versteckt. Unter der Decke wölbt sich nämlich ein kleiner Berg. »Du mußt dich flach hinlegen«, sage ich. Das macht er sofort, und ich lege mich genauso hin. Jetzt sind wir nicht gleich zu erkennen.

Meine Bettdecke hebe ich an Martins Seite etwas hoch und leuchte mit der Taschenlampe. Ich gucke durch einen Spalt zu ihm. Er guckt durch einen Spalt zu mir.

Einen Moment sind wir ruhig. Und ich spüre, daß das Bett wärmer wird.

»Wann kommen die denn?« fragt Martin unter der Decke hervor. »Die bleiben immer lange auf«, wundert er sich. Dann sagt er: »Du, wenn ich erst erwachsen bin, mache ich das auch. Und meine Kinder dürfen mit aufbleiben.«

»Hast du später Kinder?« frage ich unter der Decke zu ihm rüber.

»Klar«, sagt er.

»Und auch eine Frau?«

»Ach so . . . ja . . . ich glaub' schon«, sagt er.

»Das kann ich mir gar nicht vorstellen«, flüstere ich. »Du als erwachsener Mann.«

»Ich eigentlich auch nicht«, flüstert er. »Aber wenn das soweit ist, mußt du mich besuchen. Da wirst du sehen, wie ich als Erwachsener bin.«

»Mach' ich«, sage ich. »Und zusammen besuchen wir Papa und Mama. Die sind dann Großeltern.«

»Aber wir gehen nur hin, wenn sie nicht streiten«, sagt er.

»Hm«, sage ich, und jetzt fällt mir auf: »Du, mein Bett riecht ein bißchen nach Mama.«

»Und meines nach Papa«, sagt er. »Das ist fast so, als wären sie hier.«

Da, ich höre etwas im Flur. Taschenlampe ausgeknipst und schnell die Decken über uns gezogen. Wir drücken uns flach aufs Bett.

Jemand öffnet die Schlafzimmertür. Durch einen kleinen Ritz sehe ich, daß das Licht angeknipst wird. Völlig ruhig liegen Martin und ich. Ob sie was merken, die Eltern?

»Wo ist denn bloß . . .?« höre ich Mama beim Rausgehen fragen. Sie hat wohl etwas gesucht und nicht gefunden.

Martin kommt unter der Decke hoch. »Puuh«, stöhnt er, »ist das warm. Ich brauch' Luft.« Dann strahlt er und sagt: »Sie hat nichts gemerkt.«

Aber wir merken etwas. Die Eltern sind nämlich im Badezimmer. Das läßt sich nicht überhören. »Oh, machen die einen Krach«, beschwert sich Martin. »Da kann man gar nicht einschlafen.«

Jetzt scheppert etwas. Wasser läuft, und die Spülung wird auch gezogen, während Martin und ich versteckt unter den Decken liegen. Dazwischen tauchen wir immer wieder mal kurz auf und holen Luft.

Ich höre die Badezimmertür. »Sie kommen!« flüstert Martin. Und wir gehen auf Tauchstation. Liegen platt wie die Flundern.

Gleich darauf öffnet jemand die Schlafzimmertür und schaltet das Licht an. Mucksmäuschenstill sind wir.

Da raschelt's, und Mama sagt: »Im Kinderzimmer ist es ruhig. Sie schlafen schon.«

Papa murmelt etwas Unverständliches. Und ich darf auf keinen Fall kichern.

Was war denn das? So ein leises Schmatzen. Also . . . ich glaube . . . sie küssen sich. Und ich dachte, sie streiten!

Noch mal wird die Tür geöffnet. Jetzt geht wohl jemand raus. Papa ist es, denn fast im gleichen Augenblick kommen Mamas Schritte immer näher. Und dann schlägt sie die Bettdecke zurück.

»Also, nee . . .!« sagt sie ziemlich verblüfft. Ich gucke sie an und muß lachen.

Sie lacht auch, und ich zeige auf Papas Bett. »Martin?« fragt sie. Ich nicke. Leise sagt sie: »Und ich meinte, ihr schlaft!«

»Kann man ja nicht, wenn ihr so einen Krach macht!« erkläre ich.

»Papa kommt!« warnt sie. Sie legt sich schnell ins Bett und deckt uns zu. Völlig verschwunden bin ich, als gäb's mich hier gar nicht. Unter der Decke drückt mich Mama etwas. Über der Decke sagt sie zu Papa: »Die Kinder sind wirklich gut erzogen. Legen sich sofort hin, wenn man's ihnen sagt, und schlafen, obwohl wir ja nicht so sehr leise waren.«

Papa knurrt: »Gut erzogen . . . ich weiß nicht. Sie waren wohl sehr müde.« Ich zwicke Mama in den Arm.

Sie sagt nichts mehr. Und dann will sich Papa ins Bett legen. »Also, das ist doch . . .!« höre ich ihn.

»Ich bin's«, sagt Martin.

»Der schläft ja noch gar nicht«, staunt Papa.

»Ich auch nicht!« sage ich und strample die Decke weg. Oh, war mir warm!

Ich sitze in Mamas Bett. Mama sitzt neben mir. Und im anderen Bett

sitzen Martin und Papa. »Das ist ein richtiger Überfall!« beschwert er sich. »Ihr solltet längst schlafen!«

»Kann man nicht, wenn ihr so laut rumstreitet!« sagt Martin.

»Worüber habt ihr denn gestritten?« frage ich.

»Haben wir überhaupt gestritten?« will Mama wissen.

»Nicht so richtig«, sagt Papa. »Du hast gemeckert, daß ich die Gläser wegräumen soll, wenn ich sie benutze.«

»Und du hast zurückgemeckert, daß ich das freundlicher sagen könnte.«

»Ach so«, sagt Martin, »war ja gar nichts Ernstes!«

»Doch, in dem Augenblick schon«, sagt Mama. »Aber ein kleiner Streit wie der dauert nicht lange. Und wir sind dann auch nicht so sehr lange sauer aufeinander.«

»Vertragt ihr euch schneller als wir, wenn ihr zankt?« frage ich.

»Kommt darauf an, warum wir zanken«, sagt Papa.

»Inzwischen können wir das auch besser, das Streiten und das Vertragen«, sagt Mama.

»Wir haben's geübt und einigermaßen gelernt«, sagt Papa und grinst.

»Früher war er immer unheimlich leicht eingeschnappt, euer Papa!« erzählt sie.

»Und die erst!« sagt Papa und zeigt auf Mama.

»Fangt nicht schon wieder an«, mischt sich Martin ein.

»Wißt ihr«, sagt Mama, »das Vertragen nach dem Streiten finden wir oft richtig schön.«

»Ich hab's gehört«, sage ich. »Ihr habt euch geküßt.«

»Haben wir«, sagt Papa. »Stimmt.«

»Und jetzt geht ihr in eure Betten«, verlangt Mama.

»Nein!« sagt Martin. Die Eltern gucken ihn erstaunt an, und Papa fragt: »Wieso denn nicht?«

»Weil wir nicht wollen!« sagt Martin. »Hier ist es viel besser.«

»Ihr könnt nicht mehr bei uns schlafen. Die Zeiten sind doch längst vorbei«, sagt Papa.

Mama nickt, und wir schütteln die Köpfe.

Sie gucken sich fragend an, Papa im Schlafanzug, Mama im Nachthemd, und sie stöhnen. Aber ich höre schon, daß sie ziemlich nachgiebig stöhnen.

»Also gut«, sagt Mama. »Ausnahmsweise dürft ihr hierbleiben.«

»Wehe, du nimmst mir zu viel Platz weg«, sagt Papa. Und Martin rutscht nach innen, damit Papa neben ihn paßt. Ich liege schon innen. Mama sagt: »Wenn's zu unbequem wird, tragen wir euch rüber.«

»Hm«, brumme ich und kuschle mich an Mama. Gut riecht sie, und sie breitet die Bettdecke über uns beide. Papa breitet seine über Martin und sich.

»Eigentlich sollten wir das öfter machen«, sagt Martin und seufzt wohlig.

»Um Himmels willen«, antwortet Papa.

»Und jetzt knipse ich das Licht aus«, sagt Mama. Das tut sie dann auch.

MARGRET RETTICH

Das Einschlafmärchen

Jemand hat mir dieses Märchen erzählt: Es war einmal ein junger Schäfer, der hütete tausend Schafe. Eines Tages setzte sich ein kleiner goldener Vogel zu ihm. Der sagte: »Schäfer, willst du dein Glück machen?«

»Und ob«, sagte der Schäfer, »wer will das nicht?«

»Dann komm mit all deinen Schafen hinter mir her«, sagte der kleine goldene Vogel und flog voraus.

Der Schäfer trieb die tausend Schafe hinter ihm her. Er trieb sie über die Wiesen und durch die Wälder, über die Berge und durch das Tal. Endlich sah er in der Ferne ein wunderschönes Schloß.

Der Schäfer dachte: Vielleicht werde ich dort mein Glück machen.

Er trieb die tausend Schafe zur Eile an, denn er war sehr neugierig, was ihn in dem wunderschönen Schloß erwartete. Doch vorher mußte er einen Fluß überqueren. Am Ufer lag ein kleines Boot. In das gingen nur der Schäfer und ein einziges Schaf.

»Muß ich wirklich alle Schafe mitbringen?« fragte der Schäfer.

»Alle«, sagte der kleine goldene Vogel.

Da hob der Schäfer das erste Schaf ins Boot und ruderte mit ihm über den Fluß. Er ließ es aussteigen und ruderte zurück. Dann hob er das zweite Schaf ins Boot und ruderte mit ihm über den Fluß. Er ließ es aussteigen und ruderte zurück. Dann hob er das dritte Schaf ins Boot und ruderte

mit ihm über den Fluß. Er ließ es aussteigen und ruderte zurück. Dann hob er das vierte Schaf ins Boot und ruderte mit ihm über den Fluß. Er ließ es aussteigen und ruderte zurück. Dann hob er das fünfte Schaf ins Boot und ruderte mit ihm über den Fluß. Er ließ es aussteigen und ruderte zurück. Dann hob er das sechste Schaf ins Boot und ruderte mit ihm über den Fluß. Er ließ es aussteigen und ruderte zurück. Dann hob er das siebente Schaf ins Boot und ruderte mit ihm über den Fluß. Er ließ es aussteigen und ruderte zurück. Dann hob er das achte Schaf ins Boot und ruderte mit ihm über den Fluß. Er ließ es aussteigen und ruderte zurück. Dann hob er das neunte Schaf ins Boot und ruderte mit ihm über den Fluß. Er ließ es aussteigen und ruderte zurück. Dann hob er das zehnte Schaf ins Boot und ruderte mit ihm über den Fluß. Er ließ es aussteigen und ruderte zurück. Dann hob er das elfte Schaf . . .

Leider weiß ich nicht, wie es weitergeht. Ich habe das Märchen nicht zu Ende gehört. Ich bin vorher eingeschlafen.

INGE KELLERMANN

Gute-Nacht-Geschichte von den Zahlen

Ein Junge konnte eines Abends nicht einschlafen. Dreimal hatte er schon bis hundert gezählt, weil sein Vater ihm gesagt hatte, daß dies ein gutes Mittel sei, um einzuschlafen. Eigentlich war er furchtbar müde, aber der Schlaf wollte nicht kommen. Plötzlich mußte er an seinen Teddybär denken. Ob man den wohl im Mondschein in der Spielecke sehen konnte? Der Junge öffnete seine Augen ein kleines bißchen und guckte dorthin, wo der Teddybär sitzen mußte. Aber wie groß war sein Erstaunen, als er eine kleine Gestalt auf einem Mondstrahl durch den Spalt zwischen den Gardinen ins Zimmer rutschen sah! Erst dachte er, es wäre das kleine Mädchen, mit dem er immer spielte, denn das hatte genauso einen roten Haarwuschel mit einer blauen Schleife darin. Aber als er näher hinsah, merkte er, daß es eine Null war, eine richtige Null aus dem Rechenbuch, die sich rasch in eine Zimmerecke drückte. Gerade wollte der Junge sich aufrichten, um zu schauen, was die kleine Null dort tue, als es auf dem Mondstrahl lebendig wurde, und – Wunder über Wunder – es kamen die Eins und die Zwei und alle Zahlen bis zur Neun auf dem Mondstrahl wie auf einer Rutschbahn in sein Zimmer gefahren, und als sie alle drin waren, versammelten sie sich vor seinem Bett und beratschlagten, was sie miteinander spielen sollten. Sie einigten sich auf »Räuber und Prinzessin«. Die dicke Sechs mußte ihren runden Rücken noch ein wenig krummer machen, und die Fünf zählte, indem sie mit ihrem spitzen Finger jedesmal auf den Rücken der Sechs klopfte, die Räuber und die Prinzessin aus. Nun gab es ein Gelache und Gejohle. Besonders die Drei machte lauter Unsinn und quiekte immer dazwischen, so daß man oft gar nicht verstehen konnte, was die Sechs gesagt hatte.

24

25

Nur die Neun war ruhig und artig. Sie war ein freundliches Mädchen mit einem langen blonden Zopf. Plötzlich aber, als die Vier Prinzessin werden sollte, gab es Streit. Sie wurde ganz böse und ging gleich mit ihrem langen hölzernen Schwert auf die Sechs los. Aber die Zwei beruhigte die beiden, indem sie mit der Vier tauschte, denn sie mit ihrer langen Seidenschleppe mochte nun wieder kein Räuber sein.

Als alle Räuber und Prinzessinnen eingeteilt waren, trat schüchtern die Null aus ihrer Ecke hervor und fragte, ob sie nicht auch mitspielen dürfe. Die Sechs wollte sich darüber vor Lachen ausschütten, und die böse Sieben schwang gleich ihr Peitschchen, um sie zu verjagen.

Da trat die gute dicke Acht hervor, nahm die Null an die eine Hand und die Eins an die andere und sagte zu der Eins: »Nimm du die kleine Null unter deinen Schutz. Allein ist sie nichts, aber wenn ihr beide schön zusammenhaltet, dann seid ihr schon was wert, dann seid ihr ja eine Zehn.«

Nun fingen die Zahlen mit ihrem Räuber- und Prinzessin-Spiel an. Die Räuber verzogen sich in eine Ecke und warteten, während die Prinzessinnen sich versteckten. Schwupp – waren die Eins und die Null schon zu dem Jungen ins Bett gesprungen und verkrochen sich unter seinem Kopfkissen. Ganz still wurde es im Zimmer, und auch der Mondstrahl erlosch. Der Junge riß die Augen weit auf, um nur ja alles ganz genau beobachten zu können. Aber da hopste die Acht auf sein Bett, setzte sich auf seine Nase und legte ihre beiden dicken Kringel gerade auf seine beiden Augen. Da schlief er – eins, zwei, drei – ganz schnell und fest ein und sah nicht mehr, wie die Zahlen miteinander Räuber und Prinzessin spielten.

GEORG BYDLINSKI

Quakodil und Quietschodil

Vor der kleinen Stadt steht die Spielzeugfabrik. In der Spielzeugfabrik werden Spielzeugkrokodile zum Aufblasen gemacht, kleine grüne Spielzeugkrokodile mit großen Augen und einem langen Schwanz. Sie sind ganz stille, stumme Tiere. Wie die echten Krokodile.

Eines Tages machte die Spielzeugkrokodilmaschine einen Fehler. Ein Krokodil kam heraus, das quakte wie ein Frosch; gleich danach kam ein Krokodil heraus, das quietschte wie eine Maus.

»Verflixt!« schrie der Spielzeugverkäufer. »Was soll ich mit euch? Niemand wird euch kaufen!«

Dann nahm er das Quakodil in die rechte und das Quietschodil in die linke Hand – und warf beide aus dem Fenster.

»Quak«, sagte das Quakodil.

»Quietsch«, sagte das Quietschodil.

Und beide Krokodile saßen da und weinten Krokodilstränen. Das Quakodil weinte Quakodilstränen. Das Quietschodil weinte Quietschodilstränen.

Aber immer kann man nicht weinen. Das Quakodil nahm ein Blatt und trocknete dem Quietschodil die Tränen. Das Quietschodil nahm ein anderes Blatt und trocknete dem Quakodil die Tränen. Doch sie blieben traurig, weil sie niemandem gehörten!

»Was machen wir jetzt?« fragte das Quietschodil.

»Wir gehen in die Stadt«, sagte das Quakodil. »Wir suchen ein Kind!«

Das Quakodil ging voran, das Quietschodil hinterdrein. Sie waren zu zweit – und doch ganz allein.

Plötzlich stolperte das Quakodil über einen spitzen Stein.

»Au!« rief das Quakodil. »Au! Quak!« Es hatte ein kleines Loch im Fuß.

27

Langsam, ganz langsam, ging dem Quakodil die Luft aus. Es wurde kleiner und kleiner und ganz faltig. Es schrumpfte und schrumpfte.

Das Quietschodil klebte das Loch schnell mit Baumharz zu. Dann begann es, das Quakodil wieder aufzublasen. Es blies die ganze Luft, die in seinem Bauch war, in das Quakodil hinein.

Bald war das Quakodil wieder so wie früher – aber jetzt war das Quietschodil ganz klein und faltig. Es war überhaupt keine Luft mehr in ihm drin!

Auf einmal flog ein Schniblschnabl daher. Er hatte einen riesigen Schnabel und winzige bunte Flügel. Und viel, viel Luft in seinem Bauch.

»Wo brennt's denn?« fragte der Schniblschnabl.

Das Quakodil zeigte auf das kleingeschrumpfte Quietschodil und quakte.

Da blies der Schniblschnabl zwei-, dreimal in das Quietschodil hinein, und schon war es wieder voll und rund und quietschgesund.

»Du hast mich gerettet«, sagte das Quietschodil.

»Was hätten wir nur getan ohne dich!« sagte das Quakodil.

Der Schniblschnabl war stolz.

»Kann ich mit euch gehen?« fragte er. »Ich bin so einsam. Ich habe keine Geschwister. Ich bin ein einzelnes Tier. Ich komme sonst nicht vor . . .«

»Du bist ein Schniblschnabl!« rief das Quietschodil. »Ich habe dich gleich erkannt. Komm mit uns!«

Es wurde Abend. Es wurde Nacht. Die Nacht war schwarz und kalt. Die drei Freunde froren. Hungrig waren sie auch. Der Mond sah wie ein Kipfel aus. Der Schniblschnabl sollte abbeißen, doch er konnte nicht so hoch fliegen.

»Quak«, sagte das Quakodil und fror.

»Quietsch«, sagte das Quietschodil und fror.

Der Schniblschnabl flatterte die ganze Zeit mit den Flügeln, fror aber trotzdem.

Da entdeckten sie in der Ferne ein Licht. Sie kamen näher und sahen ein Haus mit einem erleuchteten Fenster.

28

Der Schniblschnabl nahm das Quakodil vorsichtig in seinen großen Schniblschnabl-Schnabel und flog aufs Fensterbrett hinauf. Dort stieg das Quakodil aus.

Dann nahm der Schniblschnabl das Quietschodil vorsichtig in seinen großen Schniblschnabl-Schnabel, flog hinauf, und das Quietschodil stieg aus.

Das Fenster stand halb offen. Die drei Freunde kletterten ins Zimmer hinein.

Drinnen war es schön warm.

Sie fanden ein Bett und legten sich darauf und kuschelten sich fest aneinander. Keiner merkte, daß unter der Bettdecke ein Kind lag.

Am Morgen wachte das Kind auf und rieb sich die Augen. Da sah es einen Schniblschnabl und zwei Krokodile auf seinem Bett! Die drei schliefen tief. Das Kind zog so lange an der Bettdecke, bis sie aufwachten.

»Guten Morgen«, sagte das Kind. »Ich heiße Bärbi.«

»Quak«, sagte das Quakodil. »Ich heiße Quakodil.«

»Quietsch«, sagte das Quietschodil. »Ich heiße Quietschodil.«

»Ich bin der Schniblschnabl«, sagte der Schniblschnabl und flatterte.

»Ihr gefallt mir!« sagte Bärbi. »Ich will euch behalten!«

»Jaaaaaaaa!« schrien alle drei durcheinander. »Du gefällst uns auch!«

Seit damals wohnen die drei Freunde in dem kleinen Haus am Stadtrand. Und Bärbi ist stolz, weil sie das einzige Kind auf der ganzen Welt ist, das ein Quakodil hat und ein Quietschodil und einen Schniblschnabl.

JOSEF GUGGENMOS

Rosi läuft weg

anche Kinder nehmen zum Einschlafen eine Puppe in den Arm, andere einen Teddybär. Bettina konnte nicht einschlafen, wenn nicht Rosi neben ihr auf dem Kissen lag. Rosi war rundlich, niedlich, rosarot. Rosi war ein Sparschwein. Ehe die Eltern zu Bett gingen, schauten sie noch einmal ins Kinderzimmer. Dann nahm die Mutter das Sparschwein aus Bettinas Bett und stellte es auf das Schemelchen, das daneben stand. Das Sparschwein war ja aus hartem Ton, und wenn Bettina sich im Schlaf daraufgelegt hätte, hätte das einen blauen Fleck gegeben.

Einmal wachte Bettina auf, mitten in der Nacht. Ein Geräusch hatte sie aufgeweckt. Da war es wieder, ein merkwürdiges Rasseln! Was konnte das nur sein? Das klang ja genauso, wie wenn Geldstücke aneinanderklappern! Jetzt wieder!

Bettina setzte sich geschwind auf. Da sah sie gerade noch, wie etwas Kleines, Rundes, Helles zur Tür hinauslief. Sie schaute auf das Schemelchen. Wahrhaftig, es war leer! So etwas, ihre Rosi lief davon! Ein Glück, daß die Geldstücke in Rosis Bauch solchen Lärm machten, sonst hätte Bettina geschlafen und geschlafen, und am Morgen wäre kein Spar-

schwein mehr dagewesen! Bettina ging dem Geklapper nach, die Stiege hinunter, zur Haustür hinaus in den Garten.

Der Mond schien nur wenig, und Rosi trippelte so flink auf ihren kurzen Beinen, daß Bettina ihr Sparschwein bald aus den Augen verlor. Aber dann hörte sie wieder das Klappern in Rosis Bauch: kli-kla-kli-kla-kli!

Als Bettina schon ganz nahe war, machte das Geld plötzlich nicht mehr kli-kla-kli-kla-kli, sondern ganz geschwind kli-kli-kli-kli-kli-kli-kli! Rosi zitterte in höchster Angst. Unter einem Johannisbeerbusch war ein unheimliches Fauchen, Schnaufen und Niesen zu hören.

Recht geschieht dir, daß du dich so fürchten mußt, dachte Bettina. Warum läufst du mir davon! Fast hätte Bettina selber Angst gekriegt. Wer machte mitten in der Nacht im Garten einen so komischen Lärm?

Jetzt kam etwas unter dem Johannisbeerbusch hervor. Es war nicht viel größer als Rosi und auch so rund wie sie. Aber es war dunkel und glich einer wandelnden Bürste. Bettina hatte ein großes Tier oder gar einen Menschen erwartet. Nun war sie erleichtert, als sie einen Igel entdeckte.

Der Igel trippelte auf Rosi zu, stupste sie mit der schwarzen Schnauze an und grunzte: »Was bist du für ein Igel, daß du keine Stacheln hast?«

»I-i-ich bin kein Igel«, stotterte Rosi, die noch immer zitterte. »Ich bin ein Spi-Spa-Sparschwein.«

»Du Gi-Ga-Garkein-Schwein, oder wie du heißt, was tust du hier im Garten?« fragte der Igel. »Suchst du auch in allen Ecken Äpfel, Würmer, Mäuse, Schnecken?«

»Ich suche in gar keiner Ecke Äpfel, Würmer, Mäuse, Schnecken«, entgegnete Rosi. »Mir steckt man Geld in den Bauch.«

»Geld in den Bauch?« fragte der Igel ungläubig.

»Ja«, beteuerte Rosi, »durch den Schlitz im Rücken.«

»Durch den – was?« rief der Igel verwundert. »Ich habe mein Lebtag noch niemand gesehen mit einem Schlitz im Rücken!«

Er lehnte sich mit seinen Vorderbeinen auf ihren runden Rücken, um den Schlitz mit seinen kurzsichtigen Augen genau zu betrachten.

»Wirk-«, rief er. Ehe er noch -lich! sagen konnte, erscholl ein fürchterliches Geldgerassel. Unter seinem Gewicht war Rosi umgekollert.

Der Igel, der auf sie draufgefallen war, hatte sich bald wieder aufgerappelt. »Du kannst einen Krach machen!« rief er. »Bemerkenswert! Sehr bemerkenswert!«

»Das kommt von dem vielen, vielen Geld in meinem Bauch«, berichtete Rosi stolz. Sie lag noch immer auf der Seite und schaute mit verdrehtem Kopf zum Igel hinauf. »So viel Geld wie jetzt habe ich noch nie gehabt«, erzählte sie stolz. »Vor ein paar Tagen hatte Bettina Geburtstag. Schon wochenlang vorher hatte sie allen Leuten gesagt: Schenkt mir diesmal ja keine Schokolade oder ähnliches Zeug! Wenn ihr mir etwas geben wollt, dann bitte bloß Geld! Ich spare nämlich für ein Fahrrad. Tante Helga, Bettinas Patentante, hat sogar ein dickes Fünfmarkstück in mich gesteckt!« Rosi versuchte, ein zufriedenes Gesicht zu machen, so gut das in ihrer unbequemen Lage ging.

»Bemerkenswert! Sehr bemerkenswert!« rief der Igel. »Aber sag einmal, du Li-La-Daliegstdu-Schwein, oder wie du heißt, warum stehst du eigentlich nicht auf?«

»Das Geld!« stöhnte das Sparschwein. »Das ganze viele schwere Geld in meinem Bauch ist alles auf meine linke Seite gerutscht. Jetzt muß ich immer auf der linken Seite liegen bleiben.«

Der Igel zeigte, daß er ein netter Kerl war. Er trippelte um Rosi herum, schob seine Schnauze unter ihre linke Seite und half ihr hoch – das Geld rasselte an seinen richtigen Platz zurück, und Rosi stand wieder auf ihren Beinen. »Na, das wäre geschafft!« rief der Igel schnaufend nach der schweren Arbeit.

»Tausend Dank!« sagte Rosi, wie sich's gehört.

»Gern geschehen!« erwiderte der Igel. »Aber sag einmal, du Wi-Wa-Wunderschwein, oder wie du heißt, wo willst du eigentlich hin?«

»Erstens bin ich kein Weiß-Gott-was-für-ein-Schwein, sondern ein Sparschwein«, erklärte Rosi, »und zweitens laufe ich ganz einfach irgendwohin.«

»Hm!« machte der Igel, so daß ein dürres Blatt, das auf der Erde lag, emporwirbelte. »Erstens bist du ein Sparschwein, und zweitens läufst du mit Bettinas erspartem Geld ganz einfach irgendwohin?«

»Ja, das tu' ich!« rief Rosi schmollend. »Ich hab' es satt, immer nur in der Bettecke im Kinderzimmer zu stehen. Satt! Satt! Ich will auch einmal etwas von der Welt sehen. Jawohl!«

»Das kann ich durchaus verstehen«, entgegnete der Igel. »Sparschwein, hör zu! Ich mach' dir einen Vorschlag. Komm mit mir! Im Wald habe ich eine hübsche Wohnung unter einem Reisighaufen. Da hast du gut auch noch Platz. Und am Abend gehen wir immer zusammen aus. – Du schnappst mir doch bestimmt keine Äpfel, Würmer, Mäuse, Schnecken weg?«

»Nein, ganz bestimmt nicht! Du kannst ganz beruhigt sein!« versicherte das Sparschwein.

»Na, dann los! Geschwind hinaus aus dem Garten, bevor dich Bettina am Ende doch noch erwischt!«

Die beiden begannen zu rennen. Aber das Geld in Rosis Bauch machte nur kli-kla . . . Wuppdiwupp! Da hatte Bettina schon zugepackt und ihre Rosi eingefangen.

»Aber, aber!« rief Bettina. »Rosi, was soll das heißen? Ausreißen willst du mir? Das kommt gar nicht in Frage! Was hast du vorhin gesagt? Dir ist langweilig? Hör zu! Morgen darfst du mit in die Stadt, zur Sparkasse! Du mußt ohnehin dringend geleert werden, es paßt ja schon fast nichts mehr in dich hinein. Und noch etwas: Von nun an stelle ich dich tagsüber immer ans Fenster, damit du hinausschauen kannst. Bist du zufrieden?«

Rosi nickte erfreut.

»Und du, Igel!« fuhr Bettina fort. »Was würdest du sagen, wenn ich dir jeden Abend einen Apfel oder was ich sonst Gutes habe, hierher in den Garten legen würde?«

»Bemerkenswert! Äußerst bemerkenswert!« rief der Igel vergnügt.

»Also gut, abgemacht!« rief Bettina. »Für heute gute Nacht, Igel! – Komm, Rosi, ins Bett!«

Räuberhöhlen-Geschichte

Hilfst du mir, die Matratze aus dem Bett zu heben?« fragt Paul.

»Sicher«, sagt Papa. »Aber was hast du vor? Willst du heute nacht *unter* dem Bett schlafen?«

»Ja!« Paul ist fest entschlossen. »Heute nacht werde ich in meiner Räuberhöhle schlafen. Heute und morgen und übermorgen und solange es mir Spaß macht.«

»Einverstanden«, sagt Papa. »Aber vorher muß ich noch unter deinem Bett staubsaugen.«

Paul wehrt sich: »In Räuberhöhlen wird nicht staubgesaugt! Niemals!«

»Du hast recht«, sagt Papa. »Aber weißt du schon, daß sich in dieser Gegend ein riesiger Ameisenbär herumtreibt?«

Paul grinst. »Nein, weiß ich nicht.«

»Besonders gern kommt er in Höhlen. Er saugt alles in sich hinein, was in seinen langen Rüssel paßt. Alles, was nicht niet- und nagelfest ist! Zum Glück macht er ziemlich Lärm dabei. Man kann ihn schon von weitem hören und alle wichtigen Kleinigkeiten in Sicherheit bringen.«

Es dauert nicht lange, dann kommt ein merkwürdiges Geräusch aus Papas Arbeitszimmer. Es klingt so ähnlich wie der Motor eines Staubsaugers, aber Paul ist sich sicher: Das ist der Ameisenbär!

Rasch räumt er alles, was er unter seinem Bett findet, in eine Blechdose: Legosteine, ausländische Münzen, eine Fasanenfeder, ein Schneckenhaus, einen Zitronenlolli und zwei Filzschreiber. Da taucht der Ameisenbär auch schon im Zimmer auf.

»Guten Tag, Herr Räuberhauptmann«, sagt er. »Darf ich Ihre Höhle auf Ameisen untersuchen?«

»Gern«, sagt der Räuberhauptmann. Seine Stimme klingt so ähnlich wie die von Paul, nur ein bißchen wilder und lauter. »Du kannst auch gleich Ausschau nach Spinnen halten und Staub fressen, wenn du welchen findest!«

»Gern«, sagt der Ameisenbär und beginnt seine Arbeit. Er findet eine Menge Staub und ein Spinnennetz. Ameisen findet er nicht. Nach fünf Minuten verläßt er das Kinderzimmer wieder.

Dann heben Paul und Papa die Matratze, das Bettuch, das Kopfkissen, die Decke vom Bett und legen alles auf den Fußboden. Papa schiebt die Matratze unter das Bett.

»Das wird eine gemütliche Höhle!« sagt er. Es klingt fast so, als ob er ein bißchen neidisch auf den Räuberhauptmann wäre.

»Du kannst mich ja heute abend besuchen«, sagt Paul.

»Gut, ich werde kommen. So gegen halb acht.«

Um halb acht schleicht Papa zur Räuberhöhle. Aus der Höhle schaut ein nackter Fuß. »Sind Sie der Räuberhauptmann Grasel?« fragt Papa.

»Ja, der bin ich!« antwortet eine wilde, laute Stimme. Sie klingt noch ein bißchen wilder und lauter als am Nachmittag.

»Wenn Sie der Grasel sind, muß ich Sie verhaften«, sagt Papa und packt den nackten Fuß. »Ich bin nämlich Polizist!«

Aber der Räuberhauptmann ist nicht allein in seiner Höhle! Kaum hat Papa zugegeben, daß er Polizist ist, kommen die anderen Räuber zum Vorschein. Sie sind als Stoffelch, als Teddybär und als Plüschhund verkleidet. Wütend stürzen sie sich auf den Polizisten. Nach kurzer Zeit ist der Räuberhauptmann wieder frei. Jetzt gehen die Räuber sogar zum Gegenangriff über. Sie fallen über den verdutzten Polizisten her und überwältigen ihn. Der Hauptmann nimmt ihn in den Schwitzkasten und zerrt ihn in die Höhle.

»Jetzt bist du mein Gefangener«, sagt der Räuberhauptmann Grasel wild. »Du wirst eine strenge Strafe erhalten!«

Der Polizist will sich befreien, aber in der engen Höhle kann er sich kaum wehren.

Grasel läßt nicht locker.

»Gnade«, wimmert der Polizist schließlich. »Gnade!«

»Gnade? Dann mußt du selbst Räuber werden!« sagt der Hauptmann streng. Er denkt kurz nach. »Eigentlich könnte ich einen Diener brauchen.«

»Aber Sie haben doch Ihre drei Spießgesellen«, sagt der Polizist mit rotem Kopf.

»Die liegen den ganzen Tag faul rum«, knurrt der Räuberhauptmann verächtlich. »Ich brauche jemanden, der mich mit Essen und Trinken versorgt! Ich brauche jemanden, der mein Gewand herrichtet und am Abend wegräumt! Ich brauche jemanden, der mein Legoschwert schleift! Willst du das tun?« Grasel nimmt den Polizisten noch fester in den Griff.

»Ja, gerne«, haucht der Polizist. »Ich werde ganz zu Ihren Diensten stehen!«

»Gut«, meint der Räuberhauptmann. »Dann bring mir zunächst einmal meinen Schlafanzug!«

Der Polizist klettert auf das Dach der Räuberhöhle und findet wirklich einen Räuberschlafanzug. Den wirft er dem Grasel in die Höhle.

»Dann brauche ich noch eine Taschenlampe!« sagt der Hauptmann. Der Polizist geht und holt eine Taschenlampe.

»Und jetzt besorgst du mir eine Tasse Kakao!« befiehlt der Grasel. »Aber keinen gewöhnlichen Milchkakao!«

»Keinen Milchkakao?« fragt der Polizist verwundert. »Vielleicht Räuberkakao?«

»Richtig! Der Kakao muß geraubt werden!«

»Und wem soll ich den Kakao rauben?« fragt der Polizist ängstlich.

»Der Frau des Bürgermeisters!«

Auf Zehenspitzen schleicht der Polizist in die Küche. Die Frau des Bürgermeisters ist im Nebenzimmer. Sie bügelt die Hosen ihres Mannes und die Polohemden ihres Sohnes. Leise öffnet der Polizist den Kühlschrank. Leise nimmt er Milch heraus. Leise wärmt er sie auf dem Herd. Leise rührt er Kakaopulver dazu. Und leise gießt er den warmen Kakao in die Trinktasse und nimmt einen Trinkhalm aus der Schublade. Dann schleicht er zurück zur Räuberhöhle.

»Hat dich die Frau Bürgermeister bemerkt?« fragt Grasel streng.

»Ich glaube nicht«, sagt der Polizist stolz. »Ich denke, ich habe mich bewährt.«

»Gut gemacht!« lobt der Räuberhauptmann. »Ab heute bist du kein Polizist mehr, sondern Räuber. Richtiger Räuber. Du bist der Diener eines Räuberhauptmanns!«

»Zu Befehl«, sagt der neue Diener und wartet, bis der Hauptmann die Tasse geleert hat.

»Ist noch was?« fragt Grasel streng.

»Bekomme ich auch Lohn für meine Dienste?«

»Bring mir die Blechdose!« befiehlt der Hauptmann.

Der Diener reicht Grasel die Dose mit den Legosteinen, den ausländischen Münzen, der Fasanenfeder, dem Schneckenhaus, dem Zitronenlolli und den Filzschreibern.

»Hier!« sagt der Räuberhauptmann und wirft seinem neuen Diener ein Geldstück zu und einen Lego-Edelstein. Dann verstaut er die Dose in seiner Höhle neben dem Kopfkissen.

»Ein Edelstein und hundert Lire!« staunt der Diener. »Ist das nicht zuviel?«

»Dafür mußt du auch noch ein Räuberlied singen und danach das Licht ausknipsen!«

»Zu Befehl«, sagt der Diener und fängt an zu singen. Er singt: »Im Wald, da sind die Räu-häu-ber . . .«

Dann knipst er das Licht aus. »Gute Nacht, Herr Hauptmann! Gute Nacht, ihr Spießgesellen! Träumen Sie einen schönen Räubertraum, Herr Hauptmann! Oder soll ich Ihnen einen schrecklichen Traum wünschen? Einen Traum, so schrecklich wie Sie?«

»Lieber nicht«, knurrt der Grasel. »Wünschen Sie mir einen schönen Traum von einem schönen Raubzug!«

»Zu Befehl!«

Der Hauptmann rollt sich in seiner Höhle zusammen und schließt die Augen. Wenn er die Ohren spitzt, kann er hören, wie ein Käuzchen schreit. Wie der Nachtwind in den Blättern der Bäume rauscht. Und vielleicht heulen die Wölfe wieder, wenn der Mond erst höher am Himmel steht.

URSULA WÖLFEL

Die fürchterliche Alma und der großartige Tim

Sie hatten Glück an diesem ersten Tag. Als sie aus dem Wald kamen, trafen sie einen Bauern auf der Wiese. Der Vater wünschte ihm einen guten Tag und fragte ihn, ob es hier in der Nähe wohl Schuhe zu flicken gäbe? – O ja, meinte der Mann. Sie sollten doch dort drüben zu dem großen Hof gehen und seine Frau fragen.

Das taten sie. Die Bäuerin freute sich sehr, daß ein Schuster zu ihr kam. Gleich holte sie alle zerrissenen Schuhe herbei. Der Vater packte sein Handwerkszeug aus.

Es gab auch ein Kind auf dem Hof, ein kleines Mädchen. Das hieß Gisela. Sie war genauso alt wie Tim. Sie freute sich, daß Besuch gekommen war. Über Tim staunte sie sehr, weil er schon auf die Wanderschaft gehen durfte.

»Ooch«, sagte Tim, »mir macht das gar nichts aus. Ich heiße doch Tim Feuerschuh!« Und er kam sich sehr großartig vor.

Gisela zeigte ihm alle Tiere in den Ställen, die Schweine, die Ziegen, die Hühner und die Gänse und Enten.

Sie sagte: »Unsere Kühe sind noch draußen auf der Weide. Nachher hole ich sie. Kommst du mit? Oder hast du Angst vor Kühen? Manche Stadtkinder rennen weg, wenn ich mit ihnen komme.«

»Ich?« fragte Tim. »Angst vor Kühen? Das ist ja zum Lachen!«

So gingen sie abends hinaus auf die Weide. Die Kühe liefen ihnen schon bis zum Weidetor entgegen. Gisela kannte sie alle mit Namen. Da waren die Ella und die Berta, die Olga, die Alma und die Emma.

Sie sagte: »Ella ist die Leitkuh. Die nehme ich. Dann laufen die anderen von selbst mit. Du kannst Alma nehmen, die geht am Schluß. Sie ist sehr brav.«

Schon hatte Tim eine Kette in der Hand. Und am anderen Ende von der Kette war eine dicke, große Kuh! Er machte den Arm steif, damit sie ihm nicht zu nahe kam. Sie hatte doch Hörner! Zuerst ging alles sehr gut. Gisela zog mit den anderen Kühen voraus, und Alma und Tim gingen am Schluß. Tim dachte: Da kann man wieder einmal sehen, was für ein Kerl ich bin! Ich fürchte mich nicht vor Kühen wie die anderen Stadtkinder! Und er kam sich noch großartiger vor. Aber dann blieb Alma plötzlich stehen und fing an zu fressen. Vielleicht war sie noch nicht satt? Oder das Gras am Wegrand schmeckte besser als das auf der Weide? Tim wartete geduldig. Aber Alma ließ sich viel Zeit. Sie rupfte und kaute und schaute über die Wiesen.

»Bitte!« sagte Tim höflich. »Wir müssen weitergehen.« Aber Alma wollte nicht. Längst waren Gisela und die anderen Kühe verschwunden. Alma stand da wie ein Berg und fraß. Tim zog vorsichtig an der Kette.

Alma machte drei Schritte und blieb wieder stehen. Sie schlug nur ihren Schwanz um Tims Kopf.

»Pfui!« sagte der. »Laß das!

Los, jetzt wird weitergegangen!« Diesmal zog er fester an der Kette.

»Ha-muh!« machte Alma und sah ihn vorwurfsvoll an. Tim erschrak. So aus der Nähe klang das Muhen ganz schrecklich. So grollend und dumpf kam es aus ihrem großen Bauch! Er sprang einen Schritt zurück. Das gab einen Ruck an der Kette.

»Ha-muhu!« schrie Alma, schüttelte den Kopf und warf das Hinterteil herum. Und dann raste sie los! Tim wußte gar nicht, daß Kühe so rennen können. Er hing an der Kette und ließ sich ziehen.

»Halt! Halt!« schrie er. »Anders herum!« Aber Alma stapfte mit ihren dicken, eigensinnigen Beinen in den Wald hinein. Tim hätte am liebsten geweint. Ob diese schreckliche Kuh ihn wohl immer weiter und weiter fortschleppen würde? Er durfte sie doch nicht loslassen! Wie dunkel es im Wald schon war!

»Gisela!« rief Tim verzweifelt. »Giselaha!«

»Ja-ha! Wo seid ihr?« kam es von unten.

»Hier! Im Wald! Hilf mir doch!« jammerte Tim.

»Ha-muhuu!« brüllte Alma. Nun stand sie ganz brav auf der Stelle und naschte zartes Waldgras.

Endlich kam Gisela. Sie nahm die Kette, gab Alma einen Schlag hintendrauf und sagte: »Ale, Alma! Ale!« Und schon lief die brav und ordentlich den Berg hinunter, bis in ihren Stall. Tim trottete hinterher. Jetzt kam er sich überhaupt nicht mehr großartig vor.

»Mensch, Windsandale!« sagte er abends zu seinem Vater, als sie in der Kammer in den Betten lagen. »Stell dir das vor: Beinahe hättest du allein weiterwandern müssen! Und ich wäre mit der fürchterlichen Alma durch die Welt gezogen!«

Und sie lachten beide und freuten sich schon auf den nächsten Tag.

MONIKA SECK-AGTHE

Der blaue Vorhang

Also, schlaf gut!« hörte Robin noch die Stimme seiner Mutter – dann schloß sie die Kinderzimmertür hinter sich, und er war allein.

Wie jeden Abend kuschelte er sich jetzt gemütlich unter seinem Federbett zurecht. Nur ein Fuß mußte rausgucken. Warum gerade ein Fuß? Das hatte er sich irgendwann angewöhnt, und jetzt gehörte der rausguckende Fuß einfach dazu.

Ans Schlafen dachte Robin allerdings noch nicht. Erstens war er noch nicht so ganz müde, und zweitens erwartete er noch Besuch. Keinen Besuch natürlich, der an der Haustür klingeln müßte – den hätten seine Eltern ja auch gar nicht mehr reingelassen. »Robin schläft schon«, hätten sie gesagt, »den wollen wir jetzt nicht mehr stören.«

Der Besuch, auf den Robin wartete, der kam durch keine Tür. Auch nicht durchs Fenster oder durchs Schlüsselloch – sondern aus dem blauen Vorhang, den seine Mutter jeden Abend, nachdem sie das Fenster geschlossen hatte, zuzog. Robin brauchte sich nur ganz still hinzulegen und den blauen Vorhang genau im Auge zu behalten.

So wie jetzt. Im Zimmer war es fast dunkel – nur undeutlich konnte Robin noch Möbel und Spielsachen erkennen: das große Regal, auf dem Autos, Stofftiere und Bilderbücher standen; die Holztruhe mit den Bausteinen; der Kleiderschrank; das Aquarium, in dem aber keine Fische waren, sondern die Puppen für sein Kaspertheater; das Klettergerüst aus Holz, das sein Vater gebaut hatte; das Mobile, das von der Decke runterhing, und natürlich die vielen Bilder und Plakate, die Robin alle selbst gesammelt hatte. Robin lag ganz bewegungslos und ruhig in seinem Bett. Da! Hatte sich der blaue Vorhang jetzt eben nicht ein bißchen bewegt? Robin hielt die Luft an. Er war gespannt, wer es heute sein würde, der aus den

dicken, blauen Vorhangfalten herauskommen würde. Gestern war es eine Fee gewesen – aber eine richtige, mit langem spitzem Hut mit einem Schleier dran und einem wallenden Gewand. Sie hatte den Namen Felicitas, was ja zu einer Fee ausgesprochen gut paßte.

Und vor ein paar Tagen war Freddi, das Schwein, zu Besuch gekommen. Robin mußte lachen, als er sich daran erinnerte, wie das Schwein an seinem Regal geschnüffelt und dabei mit seinem geringelten Schwanz gewackelt hatte. Einmal war es mit seiner Schnauze ganz nah an sein Bett gekommen, und Robin hatte seinen Zeigefinger in das große Schweinenasenloch gesteckt. Es hatte sich angefühlt wie ein feuchter Radiergummi und sah aus wie eine Steckdose, und außerdem mußte das Schwein niesen.

Jetzt bewegte sich der Vorhang, ganz eindeutig. Robin konnte es genau sehen. Er beulte sich an manchen Stellen richtig aus, und man hörte es schnaufen. Was konnte das sein? Robin beobachtete gespannt, was passierte. Plötzlich wurden seine Augen kugelrund vor Erstaunen – was sich da aus dem Vorhang herauswühlte, das war ein Pferd – ein richtiges, großes lebendiges Pferd! Riesig und schön und braun stand es mitten in Robins Zimmer und schüttelte seine lange, dichte Mähne. Dazu schnaufte es kräftig und stampfte leise mit den Hufen auf dem Teppich.

»Mensch Meier!« entfuhr es Robin. »Das ist ein Ding!« Mit einem Pferd hatte er nun wahrhaftig nicht gerechnet.

»Da staunst du, was?« sagte plötzlich eine Stimme. »Hast du noch nie ein Pferd gesehen, oder wie?«

Robin riß wieder die Augen auf. Jetzt stand ihm auch noch der Mund offen. Sperrangelweit. Ein Pferd, das sprechen konnte! Unglaublich!

»Mensch, Junge, mach deinen Mund zu! Es zieht ja sonst wie Hechtsuppe!« Das Pferd warf seinen Kopf hoch und wieherte ganz hell, so, als ob es lachen würde. Robin klappte seinen Mund zu.

»Bist du eigentlich stumm? Guten Tag könntest du mir ja wenigstens mal sagen!« Das Pferd bewegte beim Sprechen jedesmal sein großes Maul, so daß Robin seine riesigen gelben Zähne sehen konnte.

»Du müßtest wohl mal zum Zahnarzt – aber ja, stimmt – erst mal guten Tag.« Robin hatte sich von seinem Erstaunen wieder erholt und fand es jetzt eigentlich schwer in Ordnung, zu so später Stunde noch Besuch von einem Pferd zu haben. Wenn nur seine Eltern nichts davon hörten! Das Pferd hatte nämlich eine ganz schön laute Stimme.

»Zahnarzt? Haha!« wieherte es jetzt ganz laut los, so daß Robin erschrocken einen Finger auf seine Lippen legte. »He!« wisperte er aufgeregt. »Wieher hier nicht so laut rum! Was meinst du, was los ist, wenn meine Eltern dich hören! Wenn die dich hier erwischen, schmeißen sie dich sofort raus!«

Das Pferd schüttelte den Kopf, so daß seine Mähne flog. Jetzt schnaubte es wieder kräftig durch die Nase. »Brauchst du ein Taschentuch?« fragte Robin.

Das Pferd holte tief Luft. »Erst redest du gar nichts, dann redest du so viel auf einmal, daß man kaum mitkommt«, sagte es ein bißchen ärgerlich. »Also paß auf: Erstens muß ich nicht zum Zahnarzt. Meine Zähne sind zwar nicht ganz weiß, aber trotzdem gesund. Das gibt's. Zweitens können mich deine Eltern gar nicht so einfach rausschmeißen, weil ich größer bin und mich wehren kann. Drittens brauche ich kein Taschentuch. Pferde schnauben eben ab und zu mal durch die Nase. Aber wenn du mir einen Gefallen tun willst, dann hol mir doch bitte einen Eimer mit Wasser, denn ich habe einen riesigen Durst. Kannst du das wohl machen?«

Erwartungsvoll blickten die großen, dunklen Pferdeaugen Robin an. Tolle lange Wimpern hat es, dachte Robin, und laut sagte er: »Wasser? Muß denn das sein? Da muß ich ja noch mal rausgehen ins Bad!«

»Na und?« Das Pferd guckte erstaunt.

»Na ja . . . wenn meine Eltern das hören, daß ich noch mal aufstehe, dann kommen sie aus dem Wohnzimmer und fragen, was los ist. Und wenn ich denen sage, in meinem Zimmer steht ein Pferd und braucht Wasser . . .«

»Ach, papperlapapp«, schnitt das Pferd Robin kurzerhand das Wort ab.

»Du bist eben ganz leise, und dann hört keiner was. Bitte, Robin, tu mir den Gefallen – ich hab' doch solchen Durst!«

Die dunkle Pferdestimme kriegte plötzlich so einen quengeligen Unterton, daß Robin richtig lachen mußte.

»Also, ich probier's«, sagte er gutmütig und stieg aus dem Bett. »Aber verhalte dich jetzt bitte ganz ruhig, solange ich nicht da bin!«

Robin drückte langsam und vorsichtig die Türklinke runter und schlich auf Zehenspitzen auf den Flur. Im Wohnzimmer brannte noch Licht, und er konnte hören, daß der Fernseher lief. Um so besser, dachte er, dann kriegen die ja so schnell nichts mit.

Im Bad suchte er nach einem Eimer – natürlich war keiner da. Robin schlich in die Küche und holte aus dem Besenschrank den roten Putzeimer. Er nahm ihn mit ins Bad, stellte ihn in die Wanne und ließ kaltes Wasser einlaufen.

Der Eimer war jetzt ein Drittel voll und schon so schwer, daß Robin ihn nur noch mit großer Mühe hochheben konnte. Daß Wasser so schwer ist, dachte er und wuchtete den Eimer über den Wannenrand. Auf dem Flur hielt er den Atem an und schleppte, ohne das geringste Geräusch zu machen, den Eimer an der Wohnzimmertür vorbei. Keiner hatte ihn gehört. Gerade wollte er die Tür hinter sich zuziehen – da hörte er plötzlich Schritte auf dem Flur und dann die Stimme seiner Mutter.

»Robin? Ist irgendwas los?« Robin stellte blitzschnell den Eimer hinter sich ab und steckte den Kopf zur Türe raus. Dabei hielt er die Tür so, daß seine Mutter das Pferd nicht sehen konnte. Ihm klopfte das Herz bis zum Hals vor Aufregung.

»Is' nix los, Mami, ich mußte nur noch mal, ich gehe jetzt aber gleich wieder ins Bett – bin sooo müde . . . « Dazu gähnte er höchst wirkungsvoll.

»Na gut!« antwortete seine Mutter. »Dann schlaf mal schön. Gute Nacht!« Und sie verschwand wieder im Wohnzimmer.

Robin plumpste ein dicker Stein vom Herzen. Das war ja gerade noch mal gutgegangen!

Als er sich umdrehte, sah er das Pferd, dessen Kopf halb im Wassereimer verschwand, schon ganz gierig trinken.

»Mensch, tut das gut!« Es schmatzte genießerisch beim Trinken. »Eine einzige Wohltat! Dank dir, Robin – ich werd's dir nie vergessen!«

Robin hatte sich wieder in seine Bettdecke eingewickelt, denn er hatte durch die nächtliche Aktion eiskalte Füße bekommen. Außerdem, wenn er ehrlich war, mußte er zugeben, daß er jetzt langsam müde wurde.

»Na, Junge, willst du jetzt schlafen?« Das Pferd bewegte sich auf Robins Bett zu. Jetzt war es schon so nahe, daß Robin es richtig riechen konnte. Und was für ein schöner Geruch! So warm und gut und nach Stall und nach molligem Fell roch es!

Robin seufzte. »Ein bißchen müde bin ich schon . . .«

»Na, das ist ja auch ganz natürlich!« sagte das Pferd fast altklug. »Bist ja auch noch ein ziemlich kleiner Junge. Aber schön war es bei dir – das muß ich schon sagen.« Liebevoll beugte das Pferd seinen Kopf über den vor Müdigkeit blinzelnden Robin. »Weißt du was? Ich habe dich richtig gern.« Und dann fuhr es ganz zärtlich mit seiner samtigen Pferdeschnute über Robins Wange.

»Mensch, deine Nase ist ja weich wie Samt . . .« Robin machte genießerisch die Augen zu. »Und wie das riecht . . .«, flüsterte er vor sich hin.

Im Halbschlaf sah er noch, wie das Pferd wieder auf den blauen Vorhang zuging und darin verschwand. Ob es wohl wiederkommt?
dachte er noch – aber dann war Robin auch schon
ganz fest eingeschlafen.

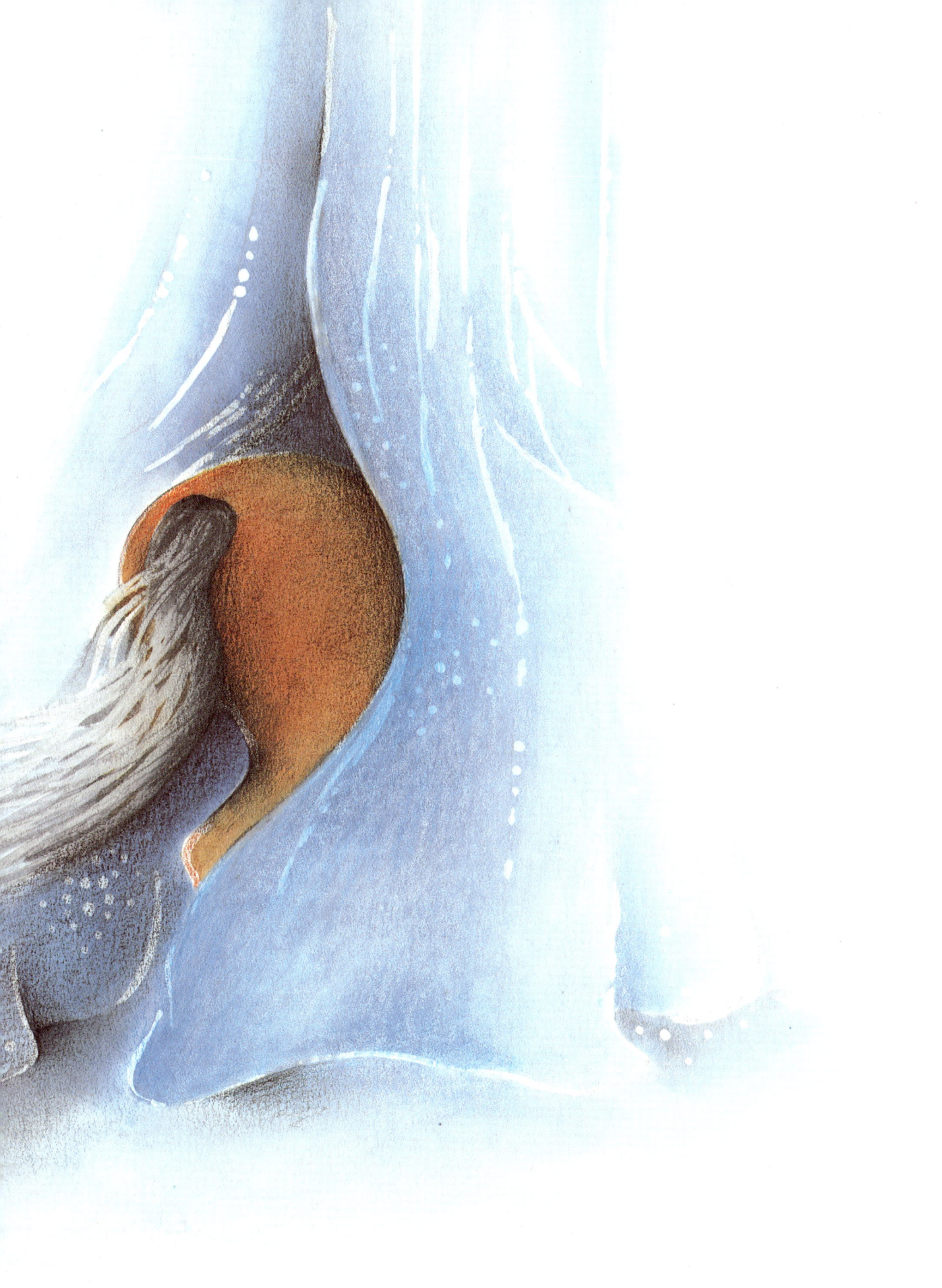

2. Kapitel

Wenn die Tiere träumen...

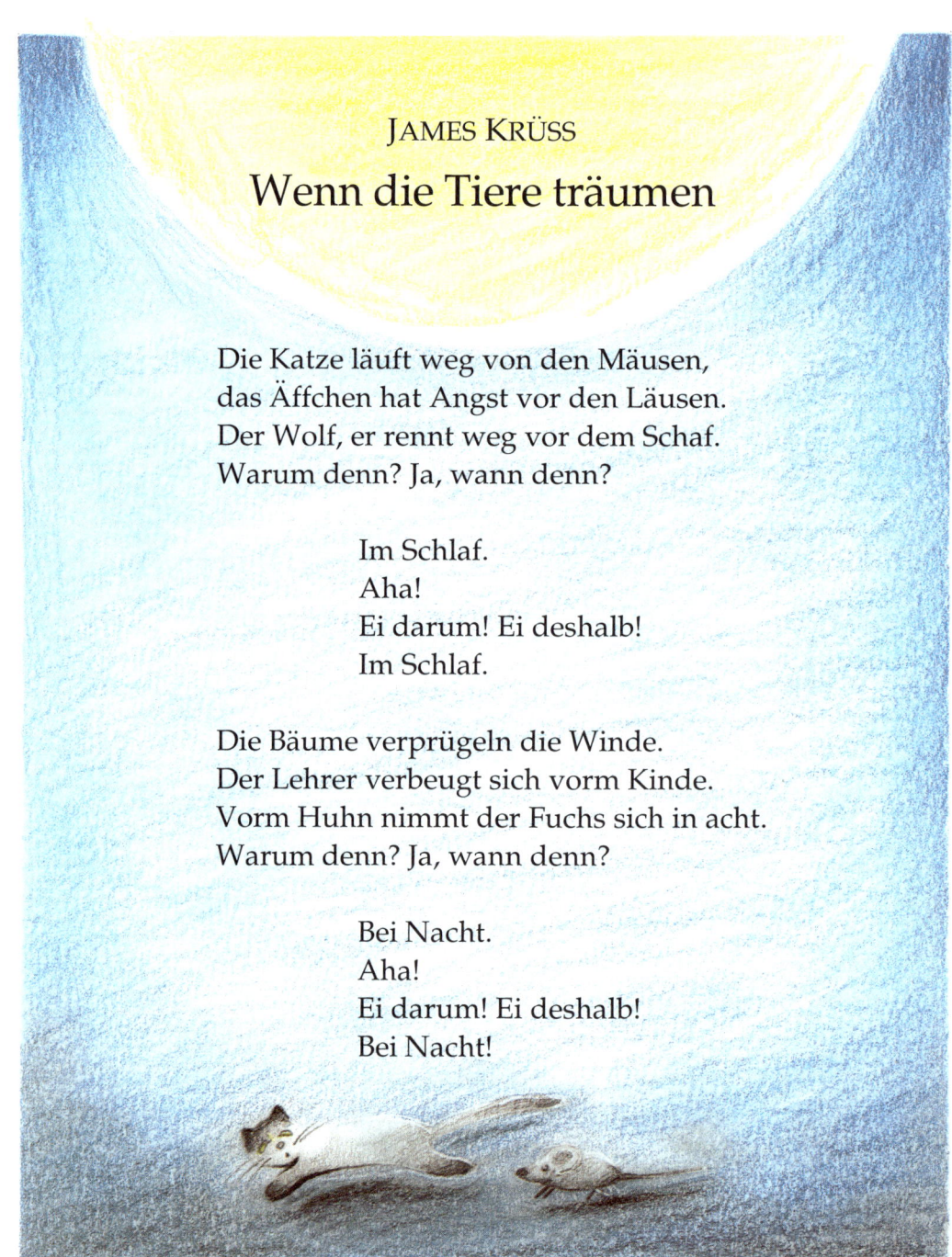

JAMES KRÜSS

Wenn die Tiere träumen

Die Katze läuft weg von den Mäusen,
das Äffchen hat Angst vor den Läusen.
Der Wolf, er rennt weg vor dem Schaf.
Warum denn? Ja, wann denn?

    Im Schlaf.
    Aha!
    Ei darum! Ei deshalb!
    Im Schlaf.

Die Bäume verprügeln die Winde.
Der Lehrer verbeugt sich vorm Kinde.
Vorm Huhn nimmt der Fuchs sich in acht.
Warum denn? Ja, wann denn?

    Bei Nacht.
    Aha!
    Ei darum! Ei deshalb!
    Bei Nacht!

Der Wachtmeister flieht vor dem Diebe.
Den Hasen verfolgt eine Rübe.
Ein Pferd schlägt den Knecht mit dem Zaum.
Warum denn? Ja, wann denn?

Im Traum.
Aha!
Ei darum! Ei deshalb!
Im Traum.

Die Katze fängt wieder die Mäuse.
Das Äffchen knackt wieder die Läuse.
Der Wolf holt sich wieder ein Schaf.
Wieso denn? Was ist denn?

's ist Tag.
Ei darum! Aha! Ei deshalb!
's ist Tag.

TILDE MICHELS

Drei Wanderbären tauchen auf

Gustav Bär hat ein gemütliches weiches Bett.
Ein richtiges Bärenbett, in dem er sich wohl fühlt. Denn Gustav
ist ein Langschläfer und ein Dauerschläfer und ein Winterschläfer.
Kaum ist die Sonne untergegangen, kuschelt er sich unter seine Decke
und schläft einen tiefen Bärenschlaf.

Eines Abends aber, als Gustav die Bettdecke zurückschlägt, liegt da
schon jemand drunter.
Gustav brummelt und schaut:
Drei fremde kleine Bären liegen da und blinzeln ihn an. Liegen einfach
in seinem Bett und blinzeln.
»Ja wer . . .? Ja woher . . .? Ja wieso . . .?« stottert Gustav.
Aber die drei kleinen Bären wissen schon, was er fragen will. Sie antwor-
ten: »Wir heißen Cilli, Bim und Mocke. Wir sind Wanderbären.«
Bim sagt: »Wir wandern durchs Land, mal dahin, mal dorthin.«
Mocke sagt: »Wo's uns gefällt, da bleiben wir.«
Und Cilli sagt: »Bei dir gefällt's uns.«
Gustav schnauft und wiegt den Kopf. So schnell kann er das gar nicht
begreifen. »Wanderbären seid ihr?« wiederholt er. »Und es gefällt euch
bei mir? Wirklich?«
Die Wanderbären nicken mit den Köpfen.
Dann sagt Mocke: »Außerdem bist du so allein. Das ist doch langweilig,
oder? Da haben wir uns gedacht, wir könnten deine Freunde sein.«
»Meine Freunde?« Gustav Bär strahlt. »Freunde habe ich mir schon
immer gewünscht. Mit Freunden kann man spielen. Mit Freunden kann
man lachen. Mit Freunden kann man Dummheiten machen . . .«

56

»Und mit Freunden muß man alles teilen«, sagt Mocke.

»Teilen?« fragt Gustav. »Was denn teilen?«

»Zum Beispiel«, sagt Cilli und blinzelt, »zum Beispiel das Bett.«

Gustav Bär sagt eine ganze Weile gar nichts. Er brummelt nicht einmal. Er schaut nur vor sich hin und zieht die Stirn in Falten.

»Teilen?« fragt er schließlich. »Mein Bett?«

Die drei Wanderbären setzen sich auf und schauen Gustav an. Ganz lieb schauen sie ihm in die Augen.

»Teilen!« sagt Cilli.

»Bett!« sagt Bim.

»Freunde!« sagt Mocke.

Dann streicheln sie ihm die Bärentatzen, wie ihm noch nie jemand die Tatzen gestreichelt hat.

Da wird es Gustav ganz warm ums Herz. Er schaut hinunter auf Cilli, Bim und Mocke, die sich so behaglich in sein Bett gekuschelt haben, und er sagt: »Also gut, wir teilen.«

RUDOLF NEUMANN

Nesthupferl für einen kleinen Uhu

Heute darfst du fliegen lernen!« sagte die Uhumutter. Fliegen lernen – das wünschte sich der kleine Uhu schon seit langem. Und als der Morgen graute, da hatte der kleine Uhu das Fliegen tatsächlich recht gut gelernt.

»Puh, war das eine anstrengende Nacht!« gähnte die Uhumutter. »Jetzt aber nichts wie ins Nest!«

»Ich bin aber noch gar nicht müde!« behauptete der kleine Uhu.

»Ich weiß, ich weiß!« erwiderte die Uhumutter. »Aber es ist schon sehr früh, gleich wird die Sonne aufgehn. Doch weil du so tüchtig warst, erzähle ich dir rasch noch ein Nesthupferl!«

»Was ist das, ein Nesthupferl?« fragte der kleine Uhu gespannt.

»Ein Nesthupferl ist eine Guten-Tag-Geschichte, nach der mein kleiner Spatz besser einschlafen wird.«

»Ich bin kein kleiner Spatz!« erklärte der kleine Uhu. »Ich bin ein großer Uhu!«

»Ich weiß, ich weiß!« sagte die Uhumutter. »Paß einmal auf! Es war einmal ein kleines Mädchen . . .«

»Was ist das, ein Mädchen?« unterbrach der kleine Uhu.

»Ein Mädchen ist ein kleiner Mensch.«

»Was ist ein Mensch?«

»Ein Mensch ist jemand, der immer auf zwei Beinen geht und dafür keine Flügel hat.«

»Wie kann er denn dann fliegen?« wunderte sich der kleine Uhu.

»Er kann ja eben gar nicht fliegen«, belehrte ihn die Uhumutter. »Aber die Menschen sind geschickt. Sie haben sich künstliche Vögel gebaut. Die

haben einen hohlen Bauch. Und da hinein schlüpfen die Menschen. Sie fliegen in den hohlen Vögeln gerade so, als ob sie selber Flügel hätten. Verstehst du das?«

Der kleine Uhu rührte sich nicht.

»Schläfst du schon?« flüsterte die Uhumutter.

»Nein«, sagte nachdenklich der kleine Uhu. »Ich überlege mir gerade, ob Mäuse fliegen können?«

»Mäuse?« fragte die Uhumutter verwirrt. »Wie kommst du denn mit einem Mal auf Mäuse? Natürlich nicht.«

»Mein Bauch ist auch ganz hohl«, behauptete der kleine Uhu. »Wenn du mir jetzt eine kleine Maus bringst, dann könnte sie da hineinschlüpfen und mit mir fliegen, wenn sie will.«

»Ja, morgen!« lächelte die Uhumutter. »Morgen ist auch noch eine Nacht. Wenn du mich noch mal unterbrichst, erzähl' ich die Geschichte nicht zu Ende. Also: Es war einmal ein kleines, kleines Mädchen, das wohnte mit seinen Eltern an einem Seeufer. Am Ufer lag ein Segelboot. Eines Tages stieg das Mädchen in das Boot, und der Wind trieb es aufs Wasser hinaus. Es kam bis zu einer Insel, und auf der Insel stand ein Schloß, und an dem Schloß war ein Turm, und in dem Turm war ein Loch, und in dem Loch, da saß ein großer, großer Uhu . . .«

» . . . und das war ich!« behauptete der kleine Uhu zufrieden. Aber dann wollte er noch etwas wissen: »Was ist ein Turm? Was ist ein Schloß? Und was ist eine Insel? Und was ist ein Segelboot?«

Das waren viele Fragen auf einmal, aber eine Antwort bekam er nicht mehr. Seine Mutter war nämlich eingeschlafen. Da kuschelte er sich eng an sie und machte auch die Augen zu.

RENATE WELSH

Der kleine Affe und der Oberpapa

Der kleine Affe lebte ein fröhliches Affenleben.

Er spielte mit den anderen Affenkindern Fangen und Läusleinsuchen und Bockspringen.

Wenn er müde war, dann klammerte er sich am dicken Fell seiner Mutter fest und ließ sich von ihr herumtragen.

Wenn er Hunger hatte, bekam er Bananen und Kokosnüsse.

Aber die schönsten Bananen und die milchigsten Kokosnüsse bekam immer der Oberpapa, und das ärgerte den Kleinen. Daß der Oberpapa auch die fettesten Käfer bekam, störte den kleinen Affen nicht. Er mochte ohnehin keine Käfer fressen.

»Zeit zum Schlafengehen!« riefen alle Mütter.

»Ich hab' noch Hunger«, sagte der kleine Affe. »Ich will eine Banane von den Bananen dort drüben.«

»Die sind für den Oberpapa zum Frühstück«, sagte die Mutter.

»Immer der Oberpapa!« murrte der Kleine.

»Er beschützt uns und zeigt uns die besten Bäume zum Schlafen«, sagte die Mutter. »Und du hast heute schon genug gefressen. Schau nur, wie dick dein kleiner Bauch ist.«

Sie nahm den Kleinen huckepack und sprang mit ihm zum großen Affenbrotbaum. Dort wollte die Herde heute übernachten. Die Mütter schleppten Zweige heran und klemmten sie zwischen die Äste. Dann warfen sie große Blätter darauf und schubsten die Kinder in die Betten. Der Oberpapa kletterte auf den höchsten Wipfel und sah sich um, ob nirgends Gefahr drohte.

61

Die Mütter schwatzten noch eine Weile. Die Kinder maulten noch eine Weile.

Ich will nicht schlafen, dachte der kleine Affe. Ich will eine Banane haben.

Als seine Mutter neben ihm schnarchte, zwängte er sich unter ihrem Kopf durch und kletterte den Stamm hinunter.

Ich geh' mir eine holen, dachte er. Ich weiß genau, wo die Bananenstauden sind. Er sprang in großen Sätzen durch das hohe, trockene Gras hinüber zum Wald. Unter den Bäumen war es finster. Alles sah fremd aus.

Es knisterte und knarrte, es raschelte und rauschte.

Plötzlich leuchteten zwei helle Punkte auf.

Gleich darauf hörte der kleine Affe auch noch ein häßliches Lachen.

Die Hyänen! dachte er. Die Hyänen lachen mich aus. Und dann werden sie mich fressen. Hyänen mögen kleine Affe so gern, wie ich Bananen mag. Er konnte nicht weglaufen.

Er konnte nicht schreien.

Er konnte nur noch zittern.

Da spürte er, wie ihn jemand hochhob.

»Was treibst denn du hier?« fragte eine tiefe Stimme.

Die Stimme klang genau wie die vom Oberpapa.

Die Stimme war die vom Oberpapa.

Der kleine Affe sagte zuerst gar nichts, und dann sagte er: »Dort drüben, da sitzt einer, der will mich fressen.«

Der Oberpapa lachte.

»Das ist nur fauliges Holz«, sagte er. »Das leuchtet in der Nacht. Warum liegst du denn nicht im Bett und schläfst wie alle kleinen Affen?«

»Weil ich Hunger habe«, sagte der kleine Affe.

Das stimmte auch.

Jetzt, wo die Angst weg und wieder Platz in seinem Bauch war, hatte er richtigen großen Hunger.

»Hast du denn kein Abendessen gehabt?«

»Doch. Aber nur zwei ganz kleine Schrumpelbananen. Weil die Mama sagt, die schönen, großen Bananen sind für dich.«

»Hm«, machte der Oberpapa und dann: »Umpf.«

Der Mond kam hinter den Wolken hervor. Der kleine Affe konnte wieder sehen, was ringsum war.

»Komm mit«, sagte der Oberpapa und führte den kleinen Affen zur Bananenstaude.

»Such dir eine aus. Aber versprich mir, daß du keiner Affenseele davon erzählst! Ich kann ja nicht jede Nacht schlimme Kinder aus dem Wald holen.«

Der kleine Affe suchte sich die schönste, größte, reifste Banane aus.

Der Oberpapa suchte sich auch eine aus. Dann saßen sie nebeneinander und ließen sich's schmecken.

LEO LIONNI

Tico und die goldenen Flügel

Vor vielen Jahren kannte ich einen kleinen Vogel, der hieß Tico. Er saß oft auf meiner Schulter und erzählte von Blumen und Farnen und von hohen Bäumen. Eines Tages erzählte mir Tico seine eigene Geschichte.

»Ich weiß nicht, wie es kam«, sagte er, »aber als ich jung war, hatte ich keine Flügel. Ich sang wie die anderen Vögel, ich hüpfte herum wie sie, aber ich konnte nicht fliegen. Zum Glück hatte ich Freunde, die mich liebten. Sie flogen von Baum zu Baum und brachten mir abends Beeren und zarte Früchte von den höchsten Ästen. ›Warum kann ich nicht fliegen wie die anderen Vögel?‹ fragte ich mich oft. ›Warum kann ich nicht wie sie in den weiten Himmel aufsteigen über Dörfer und Baumwipfel?‹ Und ich träumte von goldenen Flügeln, die stark genug waren, um mich fortzutragen bis über die schneebedeckten Berge.

Eines Nachts, im Sommer, weckte mich ein Geräusch in meiner Nähe. Ein seltsamer Vogel, so licht wie Perlen, stand hinter mir. ›Ich bin der Wunschvogel‹, sagte er. ›Hab einen Wunsch, er wird erfüllt.‹ Ich dachte an meine Träume, und ich wünschte mir mit aller Kraft goldene Flügel. Da sah ich plötzlich ein Leuchten, und auf meinem Rücken waren Flügel, goldene Flügel, und sie schimmerten im Mondlicht. Der Wunschvogel war nicht mehr da. Vorsichtig bewegte ich meine Flügel, und dann flog ich. Ich flog höher als der höchste Baum. Die Blumenbeete unter mir sahen aus wie Briefmarken, die bunt über das Land gestreut waren, und in den Wiesen lag der Fluß wie ein silbernes Band. Ich war glücklich und flog weit in den Tag hinein.

Aber als ich wieder aus der Höhe herabstieß, sahen meine Freunde mich finster an und sagten: ›Du bildest dir wohl ein, besser zu sein mit diesen

goldenen Flügeln! Du willst anders sein als wir!‹ Und weg waren sie, ohne weiter mit mir zu sprechen. Warum sind sie weggeflogen? Warum ärgerten sie sich über mich? Ist es unrecht, anders zu sein? Ich konnte fliegen so hoch wie der Adler, ich hatte die herrlichsten Flügel der Welt. Aber meine Freunde hatten mich verlassen, und nun war ich sehr allein. Eines Tages sah ich einen Korbmacher. Er saß zwischen seinen Körben vor seiner Hütte. Tränen waren in seinen Augen. Ich flog auf einen Zweig, um mit ihm zu sprechen. ›Warum bist du traurig?‹ fragte ich ihn. ›Ach, du kleiner Vogel, mein Kind ist krank, und ich bin arm. Ich kann die Medizin nicht kaufen, um es gesund zu machen.‹ Ich dachte nach, wie ich ihm helfen könnte. Und plötzlich wußte ich es: Ich will ihm eine Feder schenken. ›Wie kann ich dir danken?‹ sagte der arme Mann voll Freude. ›Du hast meinem Kind das Leben gerettet. Aber schau, dein Flügel!‹ Da war statt der goldenen Feder jetzt eine richtige Feder, schwarz und weich wie Seide.

Von diesem Tag an verschenkte ich, Stück für Stück, meine goldenen Federn, und schwarze Federn erschienen an ihrer Stelle. Ich machte viele Geschenke: drei Marionetten für einen Puppenspieler, ein Spinnrad für eine alte Frau, um Garn zu spinnen für einen Schal, einen Kompaß für einen Fischer, der sich auf dem Meer verirrt hatte. Und als ich meine letzten Federn einer sehr schönen Braut gebracht hatte, waren meine Flügel so schwarz wie chinesische Tusche.

Ich flog zu dem großen Baum, wo meine Freunde sich zur Nacht niederließen. Würden sie mich begrüßen? Sie zwitscherten vor Freude. ›Jetzt bist du wie wir‹, sagten sie. Wir drängten uns eng aneinander. Aber ich war so glücklich und aufgeregt, ich konnte nicht schlafen. Meine Gedanken waren beim Sohn des Korbmachers, bei der alten Frau, bei dem Puppenspieler und allen, denen ich mit meinen Federn geholfen hatte. Nun sind meine Flügel schwarz, dachte ich, und doch bin ich anders als meine Freunde. Wir unterscheiden uns alle voneinander. Jeder hat seine eigenen Erinnerungen und seine eigenen unsichtbaren goldenen Träume.«

NORTRUD BOGE-ERLI

Vom kleinen Jungen, dem Träumerich und dem Löwipon

Ein kleiner Junge weinte nachts immer, und zwar deshalb: Kaum hatte er die Augen zugemacht, kaum war seine Mutter aus dem Kinderzimmer gegangen, da schlich der Träumerich herein.

Der Träumerich trug ein langes Flickenkleid und brachte einen Haufen häßlicher Träume mit.

Weil der Junge noch sehr klein war, konnte er noch nicht so gut laufen. Oft purzelte er und tat sich weh. Der Träumerich brachte all die Dinge mit, an denen man sich weh tun kann, und immer waren sie doppelt so groß wie in Wirklichkeit:

Das Tischbein machte Träumerich hoch wie einen Berg, die Treppen im Hausflur glitschig und aus Eis, so daß der kleine Junge kopfüber rollte.

Am schlimmsten aber war, daß der Träumerich sagte: »Deine Mutter ist weg. Such sie nur! Du wirst sie nicht finden! Sie ist weg!« Und der Träumerich wirbelte so schnell vor dem Jungen herum, daß er aussah wie viele, viele Träumeriche.

Da schreckte der kleine Junge im Bettchen hoch und rief laut nach seiner Mutter und weinte.

Die Mutter kam natürlich angelaufen, denn sie war nur nebenan im Wohnzimmer gewesen und nicht weg. »Was ist denn, mein Schatz, was hast du?« fragte sie, aber der Junge war noch zu klein, als daß er es hätte sagen können.

Die Mutter streichelte den Jungen und beruhigte ihn. Dann ging sie wieder nach nebenan ins Wohnzimmer. Kaum aber war sie weg, schlich sich der Träumerich wieder herein. Er brachte lauter fremde Gesichter mit und zeigte sie dem kleinen Jungen. »Ich will meine Eltern sehn!« bat der Junge, aber der Träumerich sagte: »Die kannst du nicht sehn, die sind nicht da.«

Wieder schreckte der Junge auf und weinte. So ging das viele Nächte. Die Mutter und der Vater des Jungen machten sich schon Sorgen. Sie überlegten hin und her, wie sie ihrem Kind wohl helfen könnten. Und weil sie es sehr liebhatten, nahmen sie den kleinen Jungen einfach mit in ihr großes Bett. Bis dorthin fand der Träumerich nicht. Später trugen die Eltern den Jungen aber doch wieder in sein Bett, und gleich schlich sich der Träumerich an, und alles war wie zuvor.

Im Herbst, am Sankt Martinstag, liefen alle Kinder mit Lampions durch die Straßen. Ein Mann hatte sich als Sankt Martin verkleidet und ritt auf einem Pferd. Am Schluß zündeten die Feuerwehrsleute einen riesigen Scheiterhaufen an. Alle Kinder sangen, und die Blasmusik spielte dazu. Auch der kleine Junge ging mit den anderen. Seine Mutter hielt ihn an der Hand, und er selbst trug einen prächtigen Lampion. Der Lampion war goldgelb und hatte vorn einen Löwenkopf aufgeklebt und hinten einen Löwenschwanz. »Das ist ein Löwenlampion«, sagte die Mutter.

Der kleine Junge aber sagte: »Löwipon« und »Löwipon schön«, denn er konnte ja noch nicht so gut sprechen.

An diesem Abend schlüpfte der kleine Junge nicht in das große Bett seiner Eltern. Er kletterte ganz allein in sein Kinderbett. Den Löwipon mußte die Mutter ans Bettende stecken. Der Junge machte die Augen zu und wartete auf den Träumerich. Wirklich, der kam wie an jedem Abend. Aber diesmal weinte der Junge nicht. Er rief nur leise: »Löwipon, komm, komm schnell!«

Dem Löwipon mußte der Junge gar nichts mehr sagen. Der verstand sofort. Er blies seinen gelben Bauch auf, so hell er konnte, und sagte: »Hier bin ich, kleiner Junge, was soll ich für dich tun?«

»Bitte«, sagte der Junge, »bitte Träumerich wegpusten!«

»Aber klar!« Und der Löwipon baute sich vor dem Träumerich auf, schüttelte seine mächtige Löwenmähne. »Ha! Hu! Weg mit dir, finstrer Wicht!« Da hättet ihr sehen sollen, wie schnell der Träumerich verschwand. Ganz schrumplig und klein wurde er in seinem Flickenkleid, und alle bösen Träume schrumpelten mit ihm. »Hu!« machte der Löwipon noch einmal. Da war der Träumerich weggeblasen und traute sich nie wieder ins Kinderzimmer. Der Löwipon aber hatte einen wunderschönen Traum mitgebracht, vom Sandkasten und dem tollen Tunnel, den der Junge am Tag gebaut hatte, von den Enten im Stadtpark, die man füttern konnte, von der Rutsche, die sein Vater ihm gebastelt hatte. Auf der sausten die Spielautos so doll hinunter, daß der kleine Junge sogar im Schlaf lachte.

GINA RUCK-PAUQUÈT

Faultier-Träume

Tief, tief im Urwald, im grünen Regenwald wohnt das Faultier. Es hängt zusammengerollt am Ast eines Baumes und träumt. Und im Traum lächelt es. Sonst tut es nichts.

Wenn man nun bedenkt, wie groß der Urwald ist und wie klein das Faultier, so möchte man meinen, daß es niemanden stört. Aber im Dschungel ist es nicht anders als anderswo auch: Man kann machen, was man will – einen stört man immer!

»Weg da!« schrie eines Tages so ein Affenvieh, das hinter einer Orchidee hervorschoß. »Ich will da hin!«

»Kannst du nicht woanders hingehen?« sagte das Faultier freundlich. »Ich war nämlich immer schon hier.«

»Und?« sagte der Affe. »Dann ist es erst recht Zeit, daß du dich mal fortbewegst! Faultier!« schimpfte er. »Faules Tier! Stinkfaules Fellbündel, du!«

Und er sprang davon und keifte noch in der Ferne.

»Ist ja auch wahr!« brummte das Nilpferd. »Diese ewige Schlafmütze!«

»Tut *nichts! Nichts! Nichts!*« kreischte der Papagei.

»Es ist eine Schande!« sagte der Leopard.

Und das Wasserschwein grunzte was von einem kleinen, dösenden Mistvieh.

»Faul-Tier!« sagte das Krokodil und spuckte aus. Das Faultier war ärgerlich. Schließlich hatte es niemandem was getan. Als die Schlange vorbeikam, sprach es sie an.

»Schlange«, sagte es, »glaubst du auch, daß ich faul bin?«

»Klar«, sagte die Schlange. »Was denn sonst? Läufst du etwa rum? Springst du? Schwimmst du?«

Das Faultier schwieg und dachte lange nach.

»Ich will dir mein Geheimnis verraten«, sagte es endlich. »Es ist nämlich so, daß ich eigentlich Traumtier heißen müßte.«

»Wieso?« fragte die Schlange.

»Weil ich im Traum die tollsten Sachen tue«, sagte das Faultier. »Zum Beispiel spiele ich Klavier.«

»Rockmusik?« fragte die Schlange.

»Natürlich«, sagte das Faultier. »Und klassisch. Tamt-tam-tam-ting . . .«

»Das hätte ich nie gedacht«, sagte die Schlange. »Was machst du noch?«

»Ich fahre Motorradrennen«, sagte das Faultier. »So mit zweihundert Sachen! Prrr, prrrr!«

»Wahrhaftig?« sagte die Schlange. »Wie man sich täuschen kann!« wunderte sie sich. »So was!«

»Aber das ist noch nicht alles«, sagte das Faultier. »Ich bin Boxweltmeister im Fellknäuel-Spinnweb-Gewicht. Ich kann jodeln. Und ich spreche Tukanesisch. Da halte ich wichtige Reden!«

Das Faultier führte der Schlange von allem ein bißchen vor. Die Schlange war voller Bewunderung.

»Man soll doch niemanden voreilig beurteilen«, sagte sie. »Das war immer schon meine Meinung.«

Das Faultier senkte bescheiden den Kopf.

»Das Wichtigste habe ich noch nicht verraten«, sagte es dann.

»Was ist es?« fragte die Schlange vor lauter Ehrfurcht im Flüsterton.

»Ich kämpfe!«

»Gegen wen?« fragte die Schlange.

»Gegen die Schurkopanten«, sagte das Faultier.

Die Schlange machte ein dummes Gesicht.

»Die Schurkopanten sind die, die den Urwald stürmen wollen«, sagte das Faultier. »Sie wollen aus den Schlangen Handtaschen machen!«

»Was!« schrie die Schlange. »Daß mir nicht der Giftzahn schwillt! Und das verhinderst du?« fragte sie dann leise.

»Ja«, sagte das Faultier. »Im Traum«, sagte es. »Und darum bin ich auch immer müde. Weil ich in meinen Träumen Großes tue. Das strengt an.«

Die Schlange nickte. Das sah sie ein.

»Du brauchst deine Ruhe«, sagte sie. »Dieses verständnislose Dschungelpack hat ja keine Ahnung!«

Sie verbeugte sich mehrmals. Dann glitt sie davon. Noch während das Faultier in den Schlaf sank, hörte es, wie im Urwald ein Getuschel anhob.

Die Schlange hatte es weitergesagt.

Mich wird kein Affe mehr stören, dachte das Faultier.

Dann fing es an zu träumen. Es träumte, daß es ein Faultier war, das rund und mollig an einem Ast hing und lächelte.

Etwas anderes hatte es noch nie geträumt.

GOTTFRIED KELLER

Die Glühwürmchen und die Sterne

Zur Zeit der Abenddämmerung saßen drei oder vier Glühwürmchen in einer Wiese unter den Kräutern und Blumen, und man sah, wie sie geheimnisvoll die Köpfe zusammensteckten, emsig hin und her krochen und sich eifrig besprachen, so daß man glauben mußte, es sei etwas sehr Wichtiges im Gange. Als nun die Nacht auf die Felder und Fluren herniedersank und die Sterne am Himmel erglänzten, da erklommen sie einen hohen Grashalm und sprachen zu den Sternen: »Ihr lieben Sternlein! Ihr müßt gewiß sehr müde sein von eurem allnächtlichen Wachen, drum geht einmal ohne Sorgen schlafen, wir wollen indes die Erde für euch beleuchten!« Die Sternlein lächelten einander an und verbargen sich zum Spaße hinter kleinen Wolken; die Glühwürmchen aber glänzten die ganze Nacht hindurch aus allen Leibeskräften, und am Morgen meinten die guten Tierlein, sie hätten die Erde erleuchtet.

LUDVIK ASKENAZY

Knotenrüssel

Bimbo war ein junger Elefant und lebte in Afrika. Er hatte schwarze Augen und einen rosaroten Rüssel und war sehr beliebt. Er war ein sehr beschäftigter Elefant.

Morgens ging er baden, mittags spielte er Dusche für die Kinder.

Nachmittags schleppte er Bambusstäbe zu einer Hütte, und abends sang er in einem Elefantenchor.

Er war voll ausgebucht.

Bimbo war aber auch sehr vergeßlich wie die meisten Elefanten.

Und bei vergeßlichen Elefanten gibt es nur ein Mittel: Sie machen einen Knoten in ihren Rüssel.

Das zeigt jede Elefantenmutter schon ihrem Baby.

Ja, die Elefanten sind sehr vergeßlich.

Und es gibt so vergeßliche, daß sie sieben Knoten auf einmal in ihren Rüssel machen müssen.

Das war bei Bimbo der Fall.

Er machte sieben, ja neun und manchmal sogar elf Knoten.

Den ersten fürs Baden.

Den zweiten fürs Duschespielen.

Den dritten fürs Bambusstäbeschleppen.

Den vierten für den Elefantengesangschor.

Den fünften für Volleyball.

Den sechsten für Zirkustraining.

Den siebten für ein Eichhörnchen, das ihm beim Knotenaufmachen half.

Und so ging er manchmal im Dorf herum und fragte die Kinder: »Kinder, wißt ihr vielleicht noch, wozu ich den vierten Knoten gemacht habe?«

Aber die Kinder wußten es natürlich auch nicht.

Und manchmal sagten sie ganz unmögliche Sachen, wie z.B.: »Den vierten Knoten hast du, damit du deinen Namen nicht vergißt.«

»Du, wie heiße ich eigentlich«, fragte Bimbo darauf.

Und die Kinder sagten jedesmal etwas anderes.

Einmal sagten sie Bambu.

Das zweite Mal Bumba.

Das dritte Mal Bimbam.

Und so weiter und so fort.

Dann wurde Bimbo noch verwirrter.

Und dann sagte er sich:

Der fünfte Knoten ist doch fürs Golfspielen.

Und dabei spielte er doch gar nicht Golf.

Bimbo hatte es bestimmt nicht leicht – besonders, wenn er seine Knoten zu eng machte.

Aber eines wußte er sicher, nämlich daß der letzte Knoten für das Eichhörnchen war, das alle Knoten auflöste.

Und wenn er dann nicht mehr wußte, wohin und woher und zu was und wozu, ging er zum Eichhörnchen und sagte: »Bitte, die Knoten für heute aufmachen.«

Da kletterte das Eichhörnchen zu den Knoten hinauf.

Es hüpfte von einem zum anderen vor und kitzelte den Elefanten mit seinem buschigen Schwanz.

Da mußte Bimbo gewaltig niesen, und das Eichhörnchen jagte nur so durch die Luft.

Selbstverständlich haben sich dabei die Knoten aufgelöst.

Und wenn noch einer oder zwei übrigblieben, mußte das Eichhörnchen das Ganze wiederholen.

Dann sagte Bimbo dem Eichhörnchen danke schön und auf Wiedersehen und bis zum nächstenmal und zahlte: ein Knoten – eine Erdnuß.

Aber manchmal blieb auf dem Rüssel doch noch ein hartnäckiger Knoten hängen.

Und dann schlief Bimbo die ganze Nacht nicht und sagte mit seiner tiefen Stimme: »Warum hab' ich denn nur diesen Knoten gemacht?«

Er war vergeßlich, aber pflichtbewußt wie alle Elefanten.

Das Märchen vom Großen Bären

Bärlinde wird Gustavs Frau werden und nimmt von allen am Petzbach Abschied. Endlich sind sie und Gustav und die drei Wanderbären auf dem Weg zu Gustavs Bärenhaus.

»Na, was haben wir dir gesagt?« ruft Mocke. »Ist das Wandern nicht schön?«

»Es hat sich gelohnt«, brummelt Gustav. »Es hat sich wirklich gelohnt.« Er fühlt sich so glücklich wie noch nie in seinem Leben. Bärlinde geht an seiner Seite. Vor ihnen hopsen die drei kleinen Bären durch das frühlingsgrüne Land.

Gegen Abend setzen sie sich auf einen Hügel unter eine alte Buche. Der Himmel färbt sich rot von der untergehenden Sonne. Dann legt sich die Dämmerung über Wiesen und Wälder. Hoch über ihnen gehen die Sterne auf.

Bärlinde lehnt ihren Kopf an Gustav, und Gustav legt ihr seinen Arm um die Schulter. Da huscht ein Schatten über sie hinweg und schlüpft in die Zweige der Buche. Es ist eine Eule, die in einem Astloch ihre Wohnung hat.

Als sie die fünf Bären unter der Buche entdeckt, schwingt sie sich auf einen Ast genau über ihren Köpfen. »Sieh da, Nachtwanderer«, sagt sie. »Auch ich liebe die Dunkelheit. Die Nacht ist schön und voller Geheimnisse.«

»Und voller Sterne«, sagt Bärlinde.

Die Eule sucht mit ihren runden Augen den Himmel ab. »Da oben steht euer Sternbild, der Große Bär. – Wißt ihr eigentlich, wie er an den Himmel gekommen ist?«

Das weiß keiner von ihnen.

»Gibt es darüber eine Geschichte?« fragt Bärlinde.

»Eine wunderschöne Geschichte«, erwidert die Eule, und sie erzählt das Märchen vom Großen Bären: »Es waren einmal ein Bär und eine Bärin, die wollten so gern ein Kind haben.

Die Bärin sagte: ›Es soll aber ein besonderes Kind werden. Es soll schöner sein als alle anderen Bären.‹

Sie dachte bei Tag und Nacht an nichts anderes. Und als das Bärenkind geboren wurde, war es wirklich das schönste, das man sich denken konnte. Es hatte ein weiches, seidiges Fell, und statt der Krallen aus Horn hatte es an allen vier Tatzen Krallen aus purem Gold.

Die Eltern waren stolz auf ihr Kind und zeigten es überall herum. Aber den anderen Bären gefiel es ganz und gar nicht. ›Goldene Krallen – zu was sollen die gut sein?‹ sagten die einen. ›Mit goldenen Krallen kann er nicht graben, nicht schaben und auch sonst keine Bärenarbeit verrichten.‹

›Ein seidiges Fell – zu was soll das gut sein?‹ sagten die anderen. ›Wenn er sich damit an Bäumen wetzt, dann ist's gleich zerfetzt.‹

Und weil ihn niemand mochte, blieb der kleine Bär mit den goldenen Krallen einsam. Wenn er mit den anderen spielen wollte, kniffen sie ihn in sein schönes Fell und jagten ihn weg.

Auch als er groß geworden war, wollten die Bären nichts mit ihm zu tun haben. ›Der will etwas Besseres sein!‹ sagten sie.

Aber das stimmte nicht. Der Bär mit den goldenen Krallen wäre viel lieber ein ganz gewöhnlicher Bär gewesen. Er gab sich große Mühe, alles genauso zu machen wie die anderen, aber es nützte ihm nichts. Da beschloß er, in die Welt zu ziehen. Er wollte sich einen Freund suchen, der zu ihm paßte. Aber auch in der weiten Welt fand er keinen. Alle sagten: ›Der ist nicht wie wir. Den können wir nicht gebrauchen.‹ Der Bär mit den goldenen Krallen wanderte über die ganze Erde, und eines Abends kam er ans Ende der Welt. Er ging bis an den äußersten Rand eines Felsens, der über den Abgrund ragte.

›Wohin soll ich jetzt noch gehen?‹ fragte er sich.

Da rauschten mächtige Flügel über ihm, und ein Adler kreiste um den Felsen. Der Adler aber hatte goldene Krallen – genau wie er. Und er hatte Federn, die genauso schimmerten wie das seidige Fell des Bären. ›Wer bist du, woher kommst du?‹ rief der Bär.

Der Adler ließ sich neben ihm auf dem Felsrand nieder. ›Ich bin dein Freund‹, sagte er, ›und ich will dich zu den anderen bringen.‹

›Zu welchen anderen?‹ fragte der Bär.

Der Adler hob den Kopf und zeigte zum Himmel. ›Sieh nur genau hin! Da ist der Löwe, er hat goldene Krallen wie du und ich. Dort ist der Stier mit den goldenen Hörnern, dort die Fische mit schimmernden Schuppen, der Krebs mit goldenen Scheren und viele andere. Es ist noch Platz für dich. Komm mit!‹

Dem Bären schlug das Herz laut vor Glück. Endlich hatte er Freunde gefunden, die so waren wie er.

Dann aber blickte er sich um und sah den Abgrund unter sich. ›Wie kann ich hinauf an den Himmel kommen?‹ rief er. ›Ich kann doch nicht fliegen wie du!‹

Der Adler aber antwortete: ›Du kannst es, denn du stehst am Rand der Welt. Hier ist der Himmel überall – über dir und unter dir.‹

Da schloß der Bär die Augen und tat einen weiten Sprung. Er spürte, daß er schwebte. Und als er die Augen wieder öffnete, befand er sich in einem unendlich weiten, blauen Raum mit funkelnden Sternen.

Die Bären auf der Erde aber wunderten sich, als es am Himmel plötzlich zu schimmern und zu glänzen begann. Es war, als ob ein neues Licht aufgegangen wäre. Sie blickten empor, und da sahen sie einen Bären aus leuchtenden Sternen hoch oben am Himmelszelt.

Und seitdem«, schließt die Eule ihre Geschichte, »steht er da oben, der Große Bär.«

Eine Weile bleibt es ganz still. Bärlinde schmiegt sich enger an Gustav. Cilli, Bim und Mocke sitzen stumm daneben. Alle blicken zum Sternbild des Großen Bären hinauf, und es ist ihnen richtig feierlich zumute.

Aber allzulange ist es den drei Wanderbären nie feierlich. Mocke springt als erster auf. Er ruft: »Schön war das. Und jetzt geht's weiter!«

Da stehen auch die anderen auf und machen sich bereit. Die Eule blinkert mit ihren großen Augen zum Abschied. Die Bären winken zurück und wandern in die Nacht hinein.

Ganz leise stimmt Cilli die Wanderbären-Melodie an. Und dann singen sie zusammen eine neue Strophe vom Großen Bären:

»Der Große Bär am Himmelszelt,
der Große Bär am Himmelszelt,
am Him-mels-zelt,
der wandert mit uns durch die Nacht,
hat immer über uns gewacht,
denn wir sind seine Brüder,
ja Brü-ü-der.«

3. Kapitel

Vom Mann im Mond und anderen Traumgestalten

MASCHA KALÉKO

Der Mann im Mond

Der Mann im Mond hängt bunte Träume,
die seine Mondfrau spinnt aus Licht,
allnächtlich in die Abendbäume,
mit einem Lächeln im Gesicht.

Da gibt es gelbe, rote, grüne
und Träume ganz in Himmelblau.
Mit Gold durchwirkte, zarte, kühne,
für Bub und Mädel, Mann und Frau.

Auch Träume, die auf Reisen führen
in Fernen, abenteuerlich. –
Da hängen sie an Silberschnüren!
Und einer davon ist für dich.

Der große Bär

Vor langen, langen Jahren war einmal eine große Trockenheit auf Erden: Alle Flüsse, Bäche und Brunnen waren versiegt, alle Bäume, Sträucher und Gräser vertrocknet, und alle Menschen und Tiere kamen vor Durst um.

Da ging eines Nachts ein kleines Mädchen von daheim fort mit einem Krug in der Hand, um Wasser für die kranke Mutter zu suchen. Das Mädchen fand nirgends Wasser und legte sich vor Müdigkeit im Feld auf das Gras und schlief ein. Als es erwachte und nach dem Krug griff, hätte es beinahe das Wasser verschüttet. Er war nämlich voll frischen, klaren Wassers. Das Mädchen freute sich und wollte trinken, aber da fiel ihm ein, daß es dann für die Mutter nicht reichen würde, und es lief mit dem Krug nach Hause. Es hatte es damit so eilig, daß es gar nicht ein Hündchen vor seinen Füßen bemerkte, stolperte und den Krug fallen ließ. Das Hündchen winselte kläglich. Das Mädchen langte nach dem Krug. Es dachte, nun habe es das Wasser verschüttet. Aber nein! Der Krug stand aufrecht auf dem Boden, und nicht ein Tropfen fehlte. Da goß sich das Mädchen ein wenig Wasser in die hohle Hand, und das Hündchen leckte es auf und wurde wieder ganz lustig. Das Mädchen aber langte wieder nach dem Krug, aber siehe: Da war er nicht mehr aus Holz, sondern aus purem Silber.

Das Mädchen lief mit dem Krug nach Hause und gab ihn der Mutter. Die aber sprach: »Ich muß ja ohnehin sterben, trink du lieber das Wasser!« Und sie gab den Krug dem Mädchen. Im selben Augenblick aber verwandelte sich der silberne Krug in einen goldenen.

Da konnte das Mädchen nicht länger widerstehen und wollte den Krug an seine Lippen setzen, als ein Wanderer ins Zimmer trat und um einen Schluck Wasser bat. Das Mädchen schluckte den Speichel hinunter und reichte dem Wanderer den Krug. Und da: Plötzlich erschienen auf dem Krug sieben riesengroße Diamanten, und aus jedem floß ein großer Strahl frischen, klaren Wassers.

Die sieben Diamanten stiegen höher und stiegen zum Himmel empor und wurden der Große Bär.

MAX BOLLIGER

Der kleine Stern

Es war einmal ein kleiner Stern. Er wohnte an der Milchstraße.
An der Milchstraße wohnten auch andere Sterne. Aber sie waren groß
und kümmerten sich nicht um ihn.
Ich bin zu klein. Sie brauchen mich nicht, dachte er.
Traurig schaute der kleine Stern auf die Erde hinunter. Dort standen die
Sterne dicht zusammen und waren genauso winzig wie er.
»Sie haben es gut«, sagte er.

»Sie haben es gut«, sagte er und ließ sich eines Nachts auf die Erde fallen.
Er landete auf einer Bergspitze. Dann kugelte er den Abhang hinunter.
Auf einer Wiese in der Nähe einer Stadt blieb er liegen. Doch wo waren
nun die vielen winzigen Sterne, die er aus der Ferne gesehen hatte? Sie
waren ebenso groß wie seine Kameraden am Himmel. Und es waren gar
keine Sterne. Es waren Straßenlampen.

Der kleine Stern schaute zum Himmel hinauf. Da entdeckte er die Milchstraße. Er staunte. Dort standen die Sterne dicht zusammen und waren
genauso winzig wie er.
Hatte er den langen Weg umsonst gemacht?
Der kleine Stern fand sich nicht mehr zurecht und fing an zu weinen.

Da ging die Sonne auf.
Sie sah den kleinen Stern auf der Wiese liegen.
»Warum weinst du?« fragte sie.
»Was klein ist, ist groß, und was groß ist, ist klein, ich weiß nicht,
warum«, antwortete er.

»Das ist ein Rätsel«, sagte die Sonne. »Ich will dir helfen, es zu lösen.«
Die Sonne nahm den kleinen Stern mit auf ihre Reise.
Am Morgen zeigte sie ihm die Dinge aus der Nähe:

eine Blume,   einen Baum,   ein Tier.

Am Mittag zeigte sie ihm die Dinge aus der Ferne:

die Blumen,   die Bäume,   die Tiere.

Am Abend aber, als die Sonne untergehen wollte, ließ sie den kleinen
Stern auf ihrem letzten Strahl an seinen alten Platz zurückkehren.

Weit unter ihm lag die Erde.
Der kleine Stern wußte jetzt, warum kleine Dinge groß und große Dinge
klein sind. Er hatte sie aus der Nähe betrachtet und aus der Ferne gesehen.
Der kleine Stern strahlte.
Er hatte das Rätsel gelöst. Er hatte die Reise nicht umsonst gemacht.

Der Webstuhl der Traumfee

Alles um sie herum war in zarte, lichtblaue Schleier gehüllt, als Amelie und Nana träumten. Erst allmählich lösten sich die Schleier auf. Jetzt standen die Kinder in einer Wiese bei einem schilfumwachsenen See, in dem sich der Mond spiegelte. Dieses Mal hielt Amelie die Kerze in der Hand.

Am Ufer des Sees saß eine wunderschöne Frau in langem blauem Gewand und mit silbernen Haaren, die ihr bis über die Schultern reichten. Vor ihr stand ein Webstuhl, dessen Schiffchen immer hin- und hersprang. Aber wo war eigentlich das Garn, wo waren die Fäden, mit denen sie arbeitete?

Eine eigenartige Verbindung schien zwischen der schönen Frau und dem Mond zu bestehen, denn immer wieder schaute sie zu ihm hinauf und griff in die Luft, als ob sie seine Strahlen auffangen wolle.

Zaghaft gingen Amelie und Nana auf die Frau am Webstuhl zu. Doch die hatte die beiden schon erblickt und winkte sie freundlich zu sich heran. Wieder mußten die Kinder staunen. So etwas hatten sie noch nie gesehen. An diesem Webstuhl hingen zarte Schleier. Sie waren durchwirkt mit farbigen Bildern, die ständig wechselten. Ab und zu löste sich ein Schleier vom Webstuhl und flog langsam über den See.

»Was machst du da?« fragte Amelie. »Wer bist du?«

»Ich bin die Traumfee«, antwortete die Frau. »Aus den Strahlen des Mondes und aus den Gedanken der Menschen webe ich die Träume.«

»Ach, deshalb hast du kein Garn. Gedanken kann man ja nicht sehen«, meinte Amelie.

»Ich schon«, widersprach die Traumfee, »und wenn ihr genau hinseht, könnt auch ihr sie sehen. Doch ich will's euch leichter machen.«

Sie klatschte in die Hände. Da kamen vier Zwerge über die Wiese gelaufen und brachten der Traumfee einen Flechtkorb, angefüllt mit vielfarbigem Gespinst.

»Das alles sind Gedankenfäden«, erklärte die Traumfee, »und nun paßt auf, was ich damit mache.« Sie spulte ein wenig von dem Gespinst auf kleine Rollen, legte sie in das Schiffchen und ließ es dann hin- und hertanzen.

»Die Mondfäden bilden die Kette, die das Ganze zusammenhält«, erklärte die Traumfee, »da hinein webe ich die Gedankenfäden. In der Sprache der Weber nennt man das den Schuß, weil das Schiffchen durch die Kette schießt. Und nun werdet ihr Interessantes erleben. Achtet auf die Schleier.«

Der erste Schleier, der sich vom Webstuhl löste, war hell und farbenfroh. Als er über den See flog, durchleuchtete der Mond seine Bilder. »Das ist ein fröhlicher Mensch, dem ich einen solchen Traum weben darf«, freute sich die Traumfee, »er hat lichte Gedanken. Deshalb sind auch seine Träume hell. Doch nun seht, was da kommt.«

Ein schwarzer Schleier verließ den Webstuhl, durchwirkt von roten und gelben Blitzen, die im Mondlicht unruhig hin und her zuckten. »Der Mensch, der diesen Traum bekommt, hat am Tag zuvor sicherlich keine guten Gedanken gehabt«, erklärte die Traumfee.

»Ist das denn ein böser Mensch?« fragte Nana.

Die Traumfee schüttelte den Kopf, und ihre Haare vermischten sich mit den Mondstrahlen. »Nein, das muß kein böser Mensch sein. Vielleicht hat er irgend etwas Schlimmes gesehen oder gar erlebt. Vielleicht hat er sich geärgert.«

Nana fiel etwas ein: »Vielleicht hat er auch vor dem Schlafengehen im Fernsehen einen Krimi gesehen.«

»Ja, auch so etwas kann Gedankenfäden für die Träume spinnen«, bestätigte die Traumfee. »Es fliegen viele dunkle Schleier in diesen Zeiten über den Traumsee. Ich weiß auch nicht, warum.«

»Das stimmt.« Es war Amelie, die das sagte. Sie hatte inzwischen all die

Schleier beobachtet, die den Webstuhl der Traumfee verließen. Viele, viele dunkle waren darunter und nur wenige lichte, helle. Doch dann entdeckte sie etwas besonders Schönes, einen lichtblauen Schleier, in dem silberne Sterne funkelten: »Schaut nur, was ist denn das?«

Die Traumfee stand auf und blickte erfreut zum See hinüber. »Das ist ein Sternentraum; daran haben die Engel mitgewirkt. Leider fliegen solche Träume nur noch selten über unseren Traumsee«, sagte sie.

»Warum?«

»Ich weiß es nicht«, gestand die Traumfee. »Solche Träume sind ein Geschenk des Himmels.«

»Und wie ist es mit unseren Träumen, mit unseren Traumreisen?« wollte Amelie wissen.

»Das sind auch Sternenträume. Die hat euch ein Engel geschenkt«, sagte die Traumfee. Plötzlich entdeckte sie in Amelies Hand die Kerze. »Weißt du, daß du ein Weihnachtslicht in den Händen hältst?« fragte sie das Kind.

»Ja«, antwortete Amelie, »ein Engel hat es uns gegeben. Es ist für dich.«

»Für mich?!« freute sich die Traumfee. »Das ist schön, gerade jetzt ein himmlisches Licht zu bekommen.«

»Was machst du damit?«

»Ich werde es jetzt, in der letzten der heiligen zwölf Nächte, unter die Gedankenfäden der Menschen mischen, damit in den kommenden Zeiten ihre Träume licht und fröhlich sein können.« Sie hob das Licht der Kerze ab und legte es in den Korb. Da blinkte es hie und da hell auf, und die Kinder meinten, daß das Gespinst aus Gedankenfäden nun heller geworden sei.

»Das ist Gnade«, flüsterte die Traumfee. »Seine Gnade hat dies bewirkt. Dank dafür.«

Die vier Zwerge umtanzten jetzt den Korb. Dabei sangen sie leise:

»Es webet die Traumfee in silberne Strahlen
des Mondes Gedanken der Menschen hinein.
Und wie sie euch führen und was sie euch sagen,
das Traumland will klärender Helfer euch sein.«

Nana schaute sich die Zwerge näher an. Dann sagte sie zur Traumfee: »Sind das Sandmännchen?«

Die Traumfee lächelte und antwortete: »Du kannst sie so nennen, wenn du willst. Es sind meine kleinen Helfer. Ihr Menschen habt Sandmännchen aus ihnen gemacht. Mir soll's recht sein. Auf jeden Fall werden sie euch jetzt wieder nach Hause bringen. Im Traumsee liegt ein silberner Nachen bereit.«

»Und schickst du uns in Zukunft helle oder dunkle Träume?« fragte Amelie.

»Das kommt auf euch an«, antwortete die Traumfee. »Wenn ihr euch bemüht, im Leben das Schöne zu sehen, wenn ihr versucht, keine dunklen Gedanken in euch einzulassen, dann werden auch eure Träume sicherlich licht und hell sein. Lebt wohl, ihr beiden, ich wünsche euch viele Sternenträume.«

Zwei der Zwerge waren schon zum Traumsee gegangen und hatten den Nachen klargemacht. Die anderen beiden führten die Kinder zum Ufer und halfen ihnen beim Einsteigen. Und dann ruderten sie über den Traumsee. Der war groß und weit und wollte kein Ende nehmen.

»Hätte ich mir auch nicht träumen lassen, daß mich einmal vier Sandmännchen über einen Traumsee rudern«, gähnte Nana.

»Das sind doch keine Sandmännchen, das sind Traumzwerge«, befand Amelie.

Jetzt stieg Nebel auf über dem See. Die Kinder wurden immer müder. Und so ruderten die kleinen Helfer der Traumfee die beiden Mädchen immer tiefer in einen fast traumlosen Schlaf hinein.

Als Nana am anderen Morgen aufwachte, stellte sie fest, daß sie viel mehr Sandkörner in den Augen hatte als sonst am Morgen. »Das ist, weil es eben doch vier Sandmännchen waren, die uns über den Traumsee ruderten«, meinte sie. Amelie war da anderer Ansicht und lachte über die kleine Schwester.

Die Kinder und der große Drache

or langer Zeit, als es noch Ritter gab, lebte in einem Berg ein großer Drache. Doch niemand dachte mehr daran. Auf der einen Seite des Berges hatte Ritter Kuno seine Burg. Er war wegen seiner Taten sehr berühmt.

Auf der anderen Seite stand ein Bauernhaus. Dort wohnte der kleine Franz mit seiner Schwester Anna und den Eltern.

Eines Tages streckte der große Drache die Vorderpranken aus dem Berg, auf jeder Seite eine. Da wackelten die Burg und das Bauernhaus. Alle erschraken, weil die Erde bebte.

»Aha, ein Drache haust im Berg!« sagte der Ritter Kuno. Er zog sein Schlachtroß aus dem Stall und rief: »Auf denn!« Die beiden Kinder aber sahen sich die Drachenpranke näher an. Und weil ein schreckliches Gewitter losbrach, stellten sie sich unter.

Der Ritter Kuno ritt zum Berg und schrie dreimal: »Komm nur heraus, du Ungeheuer!« Als nichts geschah, ritt er davon, um seine sechs Ritterfreunde herbeizuholen.

Der kleine Franz aber entdeckte unter der Pranke einen Durchschlupf. Da sagte Anna: »Sehn wir doch mal im Berg nach!«

Als sich die sieben Ritter versammelt hatten, hoben sie schwere Humpen, um sich Mut zu machen.

Franz aber lief heim und holte eine Fackel. Die zündete er an, und dann kroch er mit Anna in die Höhle.

Auf der anderen Seite rückte die ganze Ritterschar gegen den Berg vor. Alle schrien schon von weitem: »Heraus, heraus, du Ungetüm!«

Die Kinder kamen in einen Felsensaal, groß wie ein Dom. Da standen steinerne Riesen, steinerne Lanzen steckten im Boden, und von der Decke hingen steinerne Schwerter, so viele, daß die Kinder den Drachen zuerst gar nicht sahen.

Draußen legte der Ritter Kuno seine Lanze an und ritt gegen die Drachenpranke an. Weil er danebenstach, fiel er vom Pferd.

Im Berg drin wandte der Drache den Kindern seinen mächtigen Kopf zu und gab Franz die rechte Pranke.

Erstaunt sahen die Ritter, daß die Drachenpranke in einem Loch verschwunden war. Einer rief: »Dem haben wir's gegeben!«

Die kleine Anna sah den Drachen an und sagte: »Gibst du auch mir die Hand?« Da streckte ihr der Drache die andere Pranke hin.

Zwei von den Rittern fielen um und schnarchten.

Sie hatten sich zuviel Mut angetrunken.

In der Höhle aber trank der Drache aus einem winzigen See,
der wie ein schwarzer Spiegel dalag.

Da sahen die Kinder zwei Drachenköpfe,
die sich küßten.

Die Ritter draußen streckten ihre Köpfe in das Loch und sahen nichts.

»Warum bist du denn überhaupt hier drin?« fragte Anna den Drachen.

»Und warum hast du die Hände aus dem Berg gestreckt?«

»Du siehst doch, daß er den Berg auf seinem Buckel trägt«, sagte Franz.

»Er hat sich halt mal recken müssen.«

Als das der große Drache hörte, nickte er, und Franz und Anna sagten ihm auf Wiedersehen.

»Es gibt den Drachen nicht mehr! Wir haben ihn besiegt!«

schrien die Ritter und ritten stolz zur Kunoburg.

Die Kinder aber liefen heim. Der Vater empfing sie aufgeregt.

»Stellt euch vor, der Drache hat seine Pranken zurückgezogen!«

»Mußte er doch«, sagte die kleine Anna,

»sonst hätten wir uns nicht die

Hände geben können.«

GERT PROKOP

Die Wolke, die nicht regnen wollte

E s war einmal eine Wolke, die war sehr groß und sehr schön. Der Tag, an dem sie geboren wurde, war ein besonders heißer Sommertag. Die Sonne schickte schon früh am Morgen sengende Strahlen zur Erde, die huschten über den großen Ozean und streichelten die Wassertropfen, bis denen ganz warm ums Herz wurde und sie sich leicht und beschwingt fühlten und davonfliegen wollten. Und siehe da, kaum hatte ein Tropfen das gedacht, da erhob er sich auch schon in die Luft.

So flog ein Wassertropfen nach dem anderen zum Himmel hinauf, und es wurden immer mehr, so daß eine riesige Wolke entstand und alle Vögel, die sie erblickten, verwundert ausriefen: »Oh, was für eine große und schöne Wolke ist das nur!« Selbst die anderen Wolken riefen Ah! und Oh!, aber es war auch Neid in ihren Rufen, denn eine so große und so schöne Wolke war schon lange nicht mehr gesehen worden.

Als die Wolke hörte, wie sie bewundert und beneidet wurde, plusterte sie sich noch mehr auf, daß sie wie ein Riesengebirge aus wattigen Wolkenbergen aussah, und wurde ganz stolz auf sich. Sie spiegelte sich im Wasser und bewunderte ihre Schönheit, und als den jungen Wolken erklärt wurde, was sie zu tun hätten, hörte sie nicht zu, sondern machte Faxen. Sie ließ sich eine lange Nase wachsen, dann einen Elefantenrüssel, einen langen, spitzen Schnabel, ein berghohes Nashorn und Hasenohren, die weit in den Himmel ragten, und die Vögel, die vorbeikamen, machten Rast auf den Wellen und sahen dem Schauspiel zu und schnatterten laut Beifall.

Da machte die Wolke sich eine Zipfelmütze und einen langen Bart und rief: »Jetzt bin ich der größte Zwerg der Welt!« Danach verwandelte sie sich in ein Flugzeug, in einen Drachen mit sieben Köpfen und in ein

103

Segelschiff, und als sie gerade die Wolkensegel aufzog, kam ein Wind und schob sie davon. Das gefiel ihr. Sie räkelte sich in der Sonne und ließ sich über das Meer treiben, bis sie nach Afrika kam, dorthin, wo die dichten Urwälder stehen.

Obwohl hier an jedem Tag viele Wolken vorbeikommen, waren doch alle Menschen über ihre Größe und Schönheit verwundert, sie blieben stehen, warfen die Köpfe in den Nacken und zeigten einander die Wolke, und je mehr man sie bewunderte, desto stolzer und eingebildeter wurde sie.

Der Wind aber ächzte und stöhnte, und als die Wolke ihn fragte, warum er so stöhne, antwortete er: »Weil du so überaus groß bist. Noch nie habe ich soviel Kraft aufbringen müssen, um eine Wolke zu schieben, so alt ich auch schon bin.«

Da machte die Wolke sich noch breiter und sagte selbstgefällig: »Müh dich nur, Alter, heute darfst du die größte und schönste Wolke schieben, die die Welt je gesehen hat.« Und sie trieb den Wind an: »Schneller, schneller! Ich will hören, was man anderswo über meine Schönheit sagt. Alle Welt soll mich bewundern.«

Sie ließen die Urwälder hinter sich und flogen über Felder und Dörfer und Städte und dann über die große Steppe, und da hierher schon viel seltener Wolken kamen, bewunderte man die Wolke nicht nur, sondern bat sie auch, sie möge es doch regnen lassen. Die Wolke aber tat so, als höre sie die Bitten nicht, und als der Wind sie darauf aufmerksam machte, erwiderte sie nur schnippisch: »Warum soll ich denn regnen?«

»Weil das deine Pflicht ist«, sagte der Wind.

»Ich will aber nichts von meiner Schönheit und Größe abgeben«, sagte die Wolke, »nein, ich will nicht regnen.«

»Das mußt du aber«, erwiderte der Wind, »dazu sind die Wolken nun einmal auf der Welt.«

Die Wolke jedoch plusterte sich noch mehr auf und sagte: »Ach was, Alter, du willst es dir nur leichter machen, los, vorwärts, schneller, schneller!«

Je weiter sie nach Norden kamen, desto blasser wurde das Grün auf der Erde und um so dringender die Bitten der Menschen. Die Wolke aber ließ es nicht regnen, sosehr man sie auch darum bitten mochte. Einmal kamen ihr viele Kinder entgegengerannt, sie winkten mit den Armen, jubelten und lachten, als die Wolke aber weiterzog, ohne auch nur einen einzigen Tropfen abzugeben, da weinten die Kinder, und der Wind sagte böse: »Hörst du nicht, wie die Kinder weinen? Warum regnest du nicht?«

»Soll ich regnen, nur weil ein paar Kinder weinen?« fragte die Wolke trotzig zurück. »Was geht mich das an?«

»Sie weinen, weil sie Hunger und Durst haben«, antwortete der Wind, »denn hier hat es schon lange nicht mehr geregnet, so daß die Brunnen leer und die Pflanzen ganz vertrocknet sind.«

Da wurde die Wolke nachdenklich, aber als sie sah, wie die Sonne gerade so schön über ihre siebenundzwanzig Wattebäuche leuchtete, dachte sie: Ach, soll das doch eine andere Wolke machen. Ich bin schließlich die schönste Wolke der Welt.

Dann tauchte unten auf der Erde ein gelber Fleck auf und wurde immer

breiter und länger, bis er den ganzen Boden bedeckte, soweit man blicken konnte.

»Was ist das?« fragte die Wolke.

»Das ist die Sahara«, antwortete der Wind, »die größte Wüste der Welt.«
Da streckte sich die Wolke und ließ sich lange Wattearme wachsen und winkte damit der Wüste zu. Als jedoch niemand zurückwinkte, sagte sie enttäuscht: »Das müssen aber unhöfliche Leute sein, die hier wohnen. Warum grüßt mich denn niemand?«

»Weil hier niemand wohnt«, antwortete der Wind.

»Warum denn nicht?« fragte die Wolke.

Der Wind wollte ihr schon erklären, warum das so ist, daß es in der Wüste fast nie regnet, weil die Wolken ihr Wasser zumeist schon vorher bei den Wäldern und Feldern und über der Steppe verregnen, da er sich aber die ganze Zeit über ihre Eitelkeit und Hochnäsigkeit geärgert hatte, sagte der Wind: »Das kommt daher, weil hierher seit langer Zeit nur solche eitlen und unnützen Wolken wie du gekommen sind, die ihre Pflicht nicht tun wollen, so ist der Boden ganz ausgetrocknet.«

Da trieb die Wolke den Wind an, er solle sie schnell weiterschieben, bis sie wieder auf Menschen träfe, die ihre Schönheit bewundern konnten, und sie ließ ihm keine Atempause, bis sie plötzlich an das Meer kamen und der Wind sich legte.

»Weiter«, rief die Wolke, »warum geht es nicht weiter?«

»Wir müssen warten«, antwortete der Wind. »Über dem Meer weht gerade ein Sturm, der ist stärker als ich, den müssen wir erst vorbeilassen.«

»Gut, dann verpuste dich einen Augenblick«, sagte die Wolke und machte sich breit, daß sie den ganzen Himmel bedeckte und ihren Schatten über eine große Stadt und dreiunddreißig Dörfer warf.

Da kamen die Menschen aus ihren Häusern, in denen sie sich vor der sengenden Hitze verkrochen hatten, und jubelten der Wolke zu. Als sie aber wieder nicht regnen wollte, fingen sie an, auf die Wolke zu schimpfen.

»Warum sind sie so böse?« fragte die Wolke.

»Weil du ihnen kein Wasser gibst«, antwortete der Wind.

»Aber hier gibt es doch genug Wasser«, sagte die Wolke.

»Du bist sehr dumm«, erwiderte der Wind. »Das Wasser im Meer ist so salzig, daß Pflanzen und Tiere nur noch mehr Durst davon bekommen würden. Und wenn es nicht bald regnet, wird es nicht mehr lange dauern, und auch hier ist alles so tot wie in der Wüste Sahara. Schau nur hinunter. Siehst du, wie die Pflanzen die Köpfe hängenlassen? Wenn wir noch länger warten müssen, kannst du mit eigenen Augen sehen, wie sie sterben.«

Als die Wolke daran dachte, daß es hier bald so trostlos aussehen sollte wie in der Wüste Sahara, da wurde sie ganz traurig und fing an zu weinen, und als sie von der Erde viele Rufe hörte, dachte sie, es seien die Schreie der Blumen, die sterben mußten, und sie weinte noch mehr.

»Du bist also doch nicht so herzlos und schlecht, wie es den Anschein hatte«, sagte der Wind, lächelte und zeigte zur Erde.

Und als die Wolke hinunterblickte, sah sie, wie die Menschen auf den

Straßen tanzten und fröhlich waren und wie die Blumen die Köpfe reckten und die Bäume mit den Zweigen winkten.

»Warum sind sie so fröhlich?« fragte die Wolke. »Ich denke, sie müssen sterben?«

»Nun nicht mehr«, antwortete der Wind, »denn du läßt es ja regnen.«

»Ich regne doch nicht«, erwiderte die Wolke, »ich weine.«

»Das ist bei Wolken dasselbe«, sagte der Wind. »Bist du jetzt fröhlich?«

»Warum sollte ich fröhlich sein«, sagte die Wolke, »traurig bin ich.«

»Ich denke, auch das ist bei Wolken dasselbe«, sagte der Wind. »Wenn sie weinen, sind sie zugleich fröhlich, weil sie wissen, daß sie anderen Leben schenken, indem sie sterben.«

»Muß ich denn jetzt sterben?« fragte die Wolke.

»Du mußt nicht«, antwortete der Wind. »Wenn du zu weinen aufhörst, dann kannst du weiterleben.«

»Aber dann müssen die Blumen sterben, nicht wahr?« fragte die Wolke.

»Ja«, sagte der Wind, »das müssen sie dann.«

Da wurde die Wolke noch trauriger und konnte sich gar nicht fassen und weinte so heftig, daß ein Platzregen herniederprasselte, und sie weinte und weinte, so daß sie ganz klein wurde. Zugleich aber fühlte sie sich leicht und beschwingt und war sehr fröhlich und glücklich, denn sie hörte, wie von der Erde die schönsten Dankesworte zu ihr heraufdrangen und wie der Wind zu ihr sagte: »Jetzt bist du erst wirklich schön. Denn es gibt nichts Schöneres als eine regnende Wolke über dürstendem Land. Ich werde überall erzählen, wie schön du warst, als du Menschen und Tieren und den Blumen und Bäumen hier dein Leben geschenkt hast.«

Und dabei streichelte er sie ganz sanft und zärtlich.

THEODOR STORM
Der kleine Häwelmann

s war einmal ein kleiner Junge, der hieß Häwelmann. Des
Nachts schlief er in einem Rollenbett und auch des Nachmittags, wenn
er müde war; wenn er aber nicht müde war, so mußte seine Mutter ihn
darin in der Stube umherfahren, und davon konnte er noch nie genug
bekommen.

Nun lag der kleine Häwelmann eines Nachts in seinem Rollenbett und
konnte nicht einschlafen; die Mutter aber schlief schon lange neben ihm
in ihrem großen Himmelbett.

»Mutter«, rief der kleine Häwelmann, »ich will fahren!« Und die Mutter
langte im Schlaf mit dem Arm aus dem Bett und rollte die kleine Bettstelle
hin und her, und wenn ihr Arm müde werden wollte, so rief der kleine
Häwelmann: »Mehr, mehr!« Und dann fing das Rollen wieder von vorne
an. Endlich aber schlief sie gänzlich ein; und soviel Häwelmann auch
schreien mochte, sie hörte nichts; es war rein vorbei. Da dauerte es nicht
lange, so sah der Mond in die Fensterscheiben, der gute alte Mond, und
was er da sah, war so possierlich, daß er sich erst mit seinem Pelzärmel
über das Gesicht fuhr, um sich die Augen auszuwischen; so etwas hatte
der alte Mond all sein Lebtag nicht gesehen: Da lag der kleine Häwelmann mit offenen Augen in seinem Rollenbett und hielt das eine Bein-
chen wie einen Mastbaum in die Höhe. Sein kleines Hemd hatte er
ausgezogen. Er hängte es wie ein Segel an seiner kleine Zehe auf; dann
nahm er ein Hemdzipfelchen in jede Hand und fing mit beiden Backen
an zu blasen. Und allmählich, leise, leise, fing es an zu rollen, über den
Fußboden, dann die Wand hinauf, dann kopfüber die Decke entlang und
dann die andere Wand wieder hinunter. »Mehr, mehr!« schrie Häwelmann, als er wieder auf dem Boden war; und dann blies er wieder seine

Backen auf, und dann ging es wieder kopfüber und kopfunter. Es war ein großes Glück für den kleinen Häwelmann, daß es gerade Nacht war und die Erde auf dem Kopf stand; sonst hätte er sich doch zu leicht den Hals brechen können.

Als er dreimal die Reise gemacht hatte, guckte der Mond ihm plötzlich ins Gesicht. »Junge«, sagte er, »hast du noch nicht genug?«

»Nein«, schrie Häwelmann, »mehr, mehr! Mach mir die Tür auf! Ich will durch die Stadt fahren; alle Menschen sollen mich fahren sehen.«

»Das kann ich nicht«, sagte der gute Mond; aber er ließ einen langen Strahl durch das Schlüsselloch fallen; und darauf fuhr der kleine Häwelmann zum Haus hinaus.

Auf der Straße war es ganz still und einsam. Die hohen Häuser standen im hellen Mondschein und glotzten mit ihren schwarzen Fenstern recht dumm in die Stadt hinaus; aber die Menschen waren nirgends zu sehen. Es rasselte recht, als der kleine Häwelmann in seinem Rollenbett über das Straßenpflaster fuhr; und der gute Mond ging immer neben ihm und leuchtete. So fuhren sie Straßen aus, Straßen ein; aber die Menschen waren nirgends zu sehen. Als sie bei der Kirche vorbeikamen, da krähte auf einmal der große goldene Hahn auf dem Glockenturm. Sie hielten still.

»Was machst du da?« rief der kleine Häwelmann hinauf.

»Ich krähe zum ersten Mal!« rief der goldene Hahn herunter.

»Wo sind denn die Menschen?« rief der kleine Häwelmann hinauf.

»Die schlafen«, rief der goldene Hahn herunter, »wenn ich zum dritten Mal krähe, dann wacht der erste Mensch auf.«

»Das dauert mir zu lange«, sagte Häwelmann, »ich will in den Wald fahren, alle Tiere sollen mich fahren sehen!«

»Junge«, sagte der gute alte Mond, »hast du noch nicht genug?«

»Nein«, schrie Häwelmann, »mehr, mehr! Leuchte, alter Mond, leuchte!« Und damit blies er die Backen auf, und der gute alte Mond leuchtete, und so fuhren sie zum Stadttor hinaus und übers Feld und in den dunklen Wald hinein. Der gute Mond hatte große Mühe, zwischen den vielen

Bäumen durchzukommen; mitunter war er ein ganzes Stück zurück, aber er holte den kleinen Häwelmann doch wieder ein.

Im Walde war es still und einsam; die Tiere waren nicht zu sehen; weder die Hirsche noch die Hasen; auch nicht die kleinen Mäuse. So fuhren sie immer weiter, durch Tannen- und Buchenwälder, bergauf und bergab. Der gute Mond ging nebenher und leuchtete in alle Büsche; aber die Tiere waren nicht zu sehen; nur eine kleine Katze saß oben in einem Eichbaum und funkelte mit den Augen.

Da hielten sie still.

»Das ist der kleine Hinze!« sagte Häwelmann. »Ich kenne ihn wohl; er will die Sterne nachmachen.«

Und als sie weiterfuhren, sprang die kleine Katze mit von Baum zu Baum.

»Was machst du da?« rief der kleine Häwelmann hinauf.

»Ich illuminiere!« rief die kleine Katze herunter.

»Wo sind denn die anderen Tiere?« rief der kleine Häwelmann hinauf.

»Die schlafen!« rief die kleine Katze herunter und sprang wieder einen Baum weiter. »Horch nur, wie sie schnarchen!«

»Junge«, sagte der gute alte Mond, »hast du noch nicht genug?«

»Nein«, schrie Häwelmann, »mehr, mehr! Leuchte, alter Mond, leuchte!« Und dann blies er die Backen auf, und der gute alte Mond leuchtete; und so fuhren sie zum Walde hinaus und dann über die Heide bis ans Ende der Welt und dann gerade in den Himmel hinein.

Hier war es lustig; alle Sterne waren wach und hatten die Augen auf und funkelten, daß der ganze Himmel blitzte.

»Platz da!« schrie Häwelmann und fuhr in den hellen Haufen hinein, daß die Sterne links und rechts vor Angst vom Himmel fielen.

»Junge«, sagte der gute alte Mond, »hast du noch nicht genug?«

»Nein«, schrie der kleine Häwelmann, »mehr, mehr!« und – hast du nicht gesehen! – fuhr er dem guten alten Mond quer über die Nase, daß er ganz dunkelbraun im Gesicht wurde.

»Pfui!« sagte der Mond und nieste dreimal, »alles mit Maßen!« Und damit putzte er seine Laterne aus, und alle Sterne machten die Augen zu.

Da wurde es im ganzen Himmel auf einmal so dunkel, daß man es ordentlich mit Händen greifen konnte.

»Leuchte, alter Mond, leuchte!« schrie Häwelmann, aber der Mond war nirgends zu sehen und auch die Sterne nicht; sie waren schon alle zu Bett gegangen. Da fürchtete der kleine Häwelmann sich sehr, weil er so allein im Himmel war. Er nahm seine Hemdzipfelchen in die Hände und blies die Backen auf; aber er wußte weder aus noch ein, er fuhr kreuz und quer, hin und her, und niemand sah ihn fahren, weder die Menschen noch die Tiere, noch auch die lieben Sterne.

Da guckte endlich unten, ganz unten am Himmelsrande ein rotes rundes Gesicht zu ihm herauf, und der kleine Häwelmann meinte, der Mond sei wieder aufgegangen. »Leuchte, alter Mond, leuchte!« rief er, und dann blies er wieder die Backen auf und fuhr quer durch den ganzen Himmel und gerade darauf los. Es war aber die Sonne, die gerade aus dem Meere heraufkam.

»Junge«, rief sie und sah ihm mit ihren glühenden Augen ins Gesicht, »was machst du hier in meinem Himmel?«

Und – eins, zwei, drei! nahm sie den kleinen Häwelmann und warf ihn mitten in das große Wasser. Da konnte er schwimmen lernen.

Und dann?

Ja und dann? Weißt du nicht mehr? Wenn ich und du nicht gekommen wären und den kleinen Häwelmann in unser Boot genommen hätten, so hätte er doch leicht ertrinken können!

ILONA BODDEN

Das Traumeselchen

ü hott!« sagt der Sandmann und schwingt seine silberne Peitsche. »Hü hott!«

Und das kleine Eselchen, das seinen Karren zieht, den gelben Karren mit den roten und blauen Rädern, nickt und läuft, so rasch es kann, es weiß genau, daß es noch einen weiten Weg hat. Aber nun wollt ihr wissen, was in dem Karren ist, nicht wahr? Sand natürlich, allerfeinster Schlafsand, den streut euch doch der Sandmann, husch, in die Augen, und schon fallen sie zu. Aber noch etwas hat der Sandmann tief unter dem Schlafsand in seinem Karren versteckt: Träume, lauter Träume, so viele, daß man sie gar nicht zählen kann. Der Traum von dem roten Gummiball, der in die Wolken fliegt, und der vom Geburtstagskuchen, der nie zu Ende geht. Der Traum vom Schlaraffenland oder von der Himmelsleiter und von der Puppe, die singen und lachen kann. Jeden Abend füllt der Sandmann den Karren mit den Träumen, und das Eselchen muß sich sehr beeilen, denn die Kinder warten ja alle auf den Sandmann. Aber ein paar Kinder sind darunter, die weinen und strampeln und wollen einfach nicht ins Bett, so daß der arme Sandmann lange, lange warten muß, ehe er weiterfahren kann. Und das Traumeselchen steht vor der Tür und nickt und scharrt und ist schon ganz ungeduldig, denn es möchte gern zurück in seinen warmen Stall. Aber das hilft nun alles nichts, es muß warten und warten, und das böse Kind schreit und wirft die Bettdecke herunter, und allein bleiben will es auch nicht, um keinen Preis. Da wird das Sandmännchen schließlich ganz traurig, und wenn das unartige Kind endlich eingeschlafen ist, greift es zuunterst in seinen Karren und holt einen Traum hervor, nicht bunt und lustig wie die anderen, nein, einen

115

so grau wie Regenwetter, den wirft es – bums – auf das Kopfkissen, gerade so wie einen sauren Apfel, knallt mit der Peitsche – purr –, und fort geht es über Stock und Stein.

»Hü hott!« ruft der Sandmann, und das kleine Eselchen, das den gelben Karren zieht, den gelben Karren mit den roten und blauen Rädern, nickt und läuft, so rasch es kann, denn die beiden haben noch einen weiten Weg.

»Hü hott, mein Liebling, der Sandmann kommt. Hörst du nicht, wie er mit seiner Peitsche knallt? Schnell, schließ die Lider, damit er dir seinen Schlafsand schenken kann und einen schönen Traum dazu. Hü hott, hü hott . . .«

Der Sandmannvater und sein Sohn

ort, wo alle Sandmänner ihre Häuser haben, wohnen auch der Sandmannvater und sein Sohn. Der Sandmannvater ist für den Bezirk Neustadt zuständig. Jeden Abend, wenn es dunkel wird, nimmt er seinen Sandsack und macht sich an die Arbeit wie die anderen Sandmänner in der Gegend. Er hat eine Menge zu tun, und wenn er heimkommt, tun ihm die Füße weh.

Dann wartet schon sein Sohn auf ihn. Er bringt dem Sandmannvater warmes Wasser für die Füße und fragt: »Wie war's, Papa? Haben die Kinder noch vor dem Fernseher gesessen? Und was haben sie gemacht, wenn du ihnen mitten im Krimi Sand in die Augen gestreut hast?«

»Gegähnt haben sie«, sagt der Sandmannvater. »Uaaaa, uaaaa. Und ein paar sind vom Stuhl gefallen. So sah das aus.«

Er machte es vor, und der kleine Sandmann lacht sich halb tot.

»Nimm mich mit, Papa«, bettelt er. »Ich möchte so gern sehen, wie die Kinder von den Stühlen fallen.«

»Jetzt noch nicht«, sagt der Sandmannvater. »Du mußt erst stark genug sein, um einen Sandsack tragen zu können. Dann wirst du ein Sandmann, genau wie Opa und ich.«

»Mist«, sagt der kleine Sandmann. Er geht zum Sandkasten, bäckt Sandkuchen und spielt. Wenn sein Vater sich ausgeruht hat, spielen sie zusammen. So vergeht die Zeit. Eines Tages kann der kleine Sandmann einen Sandsack tragen. Da nimmt ihn der Sandmannvater mit zur Arbeit. Er soll lernen, wie man den Kindern Sand in die Augen streut.

Das wird lustig, denkt der kleine Sandmann. Aber es wird überhaupt nicht lustig. Alles ist ganz anders, als der kleine Sandmann es sich vorgestellt hat. Er sieht kein einziges Kind, das vom Stuhl fällt. Die meisten liegen schon in den Betten, und die anderen reiben sich höchstens die Augen.

»Du hast geschwindelt, Papa«, schimpft der kleine Sandmann.

»Wieso?« sagt sein Vater. »Manchmal ist wirklich so ein Kind vom Stuhl gefallen. Und es kommt auch nicht darauf an, ob du es lustig findest oder nicht. Tu deine Arbeit, das ist die Hauptsache. Du willst doch ein tüchtiger Sandmann werden, genau wie Opa und ich.«

»Ja«, sagt der kleine Sandmann. »Es ist bloß so langweilig. Und die Füße tun mir weh.«

»Allen Sandmännern tun die Füße weh«, sagt der Sandmannvater. »Das gehört dazu.«

»Wirklich?« fragt der kleine Sandmann. Am nächsten Abend möchte er am liebsten zu Hause bleiben, um Sandkuchen zu backen. Aber damit ist es vorbei. Er muß lernen, wie man Kindern Sand in die Augen streut. Nach drei Tagen kann er es schon sehr gut. Fast so gut wie die anderen Sandmänner.

»Ich bin stolz auf dich, Junge«, sagt der Sandmannvater. »Ich glaube, du wirst ein tüchtiger Sandmann. Morgen bekommst du ein paar Straßen für dich. Dann habe ich es leichter.«

»Okay«, sagt der kleine Sandmann. »Darf ich mich mal fünf Minuten hinsetzen? Die Füße tun mir weh.«

»Mir auch«, sagt der Sandmannvater. »Nimm dich zusammen. Ein Sandmann jammert nicht.«

Mist, denkt der kleine Sandmann. Spielen ist besser.

Am nächsten Abend zeigt ihm sein Vater die Straßen, die er für sich allein haben soll.

»In einer Stunde treffen wir uns hier an der Ecke wieder«, sagt er. »Und vergiß nicht, daß du ein Sandmann bist.«

Der kleine Sandmann rückt seinen Sandsack zurecht.

»Bestimmt nicht, Papa«, sagt er und trabt los. Er streut einem Kind nach dem anderen Sand in die Augen, und alle schlafen ein.

Ich bin ein toller Sandmann, denkt der kleine Sandmann stolz.

Der Junge im letzten Haus heißt Christian. Christian hat zwei kleine Autos mit ins Bett genommen und spielt Unfall. »Tatütatü! Kranken...«

Eigentlich hat er Krankenwagen rufen wollen. Aber da kommt der kleine Sandmann, und mitten im Satz fallen Christian die Augen zu.

Gut gemacht! denkt der kleine Sandmann. Papa wird staunen.

Er will weitergehen. Doch da sieht er etwas: ein komisches Ding. Ein Ding mit drei Rädern. Ein Dreirad. Es ist teils rot, teils blank und blitzt im Mondlicht. Der kleine Sandmann starrt es an.

Wie das wohl geht? überlegt er und gibt dem Ding einen Schubs. Da fängt es an zu rollen. Das gefällt dem kleinen Sandmann. Er schiebt das Ding ein paarmal hin und her. Dann setzt er sich auf den Sattel und stellt die Füße auf die Pedale. Die Pedale bewegen sich. Er tritt fester zu, und das Ding rollt mit ihm los. Es rollt durchs Zimmer, und der kleine Sandmann vergißt alles andere, so schön findet er das. Er will nur noch rollen, rollen, am liebsten die ganze Nacht.

Doch da kommt sein Vater angerannt. »Spinnst du, Junge«, ruft er und schnappt nach Luft. »Ich stehe an der Ecke und warte, und du? Was treibst du hier?«

Der kleine Sandmann schweigt.

»Unfug treibst du!« schimpft sein Vater. »Unnützen Menschenkram. Was muß ein Sandmann tun?«

Der kleine Sandmann sieht das Dreirad an. »Das Ding ist so schön, Papa«, sagt er.

»Das Ding geht dich einen Dreck an«, sagt der Sandmannvater. »Ein Sandmann muß Sand in die Augen streuen, sonst nichts.«

»Ich will aber . . .« sagt der kleine Sandmann.

»Du willst gar nichts«, sagt der Sandmannvater. »Komm.«

Sie gehen auf die Straße. Plötzlich merkt der kleine Sandmann, daß er seinen Sandsack vergessen hat.

»Du, Papa«, ruft er. »Ich habe . . .«

»Halt den Mund, mir reicht's«, sagt sein Vater.

Der kleine Sandmann gehorcht, und so passiert das Unglück: Christians

Mutter findet am nächsten Morgen das Säckchen und schüttet den Sand aus dem Fenster, mitten in den Wind.

»Was du alles ins Zimmer schleppst«, sagt sie zu Christian. »Das ist doch . . .« Weiter kommt sie nicht, weil ihr ein paar Sandkörner in die Augen fliegen. »Uaaa«, gähnt sie, legt sich auf den Teppich und schläft ein.

»Was ist denn los, Mama?« fragt Christian. »Was hast –«

Da schläft auch er. Denn der Wind wirbelt den Sand ins Zimmer und durch die ganze Gegend. Alle Leute in der Neustadt schlafen ein. Wie bei Dornröschen!

Der kleine Sandmann ahnt nicht, was er angerichtet hat. Er will nur seinen Sandsack wiederhaben. Unbedingt. Und als der Vater Mittagsschlaf hält, schleicht er aus dem Haus und läuft in die Neustadt. Es ist heller Tag, aber alle Leute, die er sieht, schlafen. In den Bussen und Autos. In den Geschäften. Auf den Straßen. Im Park. In der Schule. Auch Christian schläft. Neben seinem Bett steht das rote Dreirad. Und auf der Fensterbank liegt der leere Sandsack. Oje, denkt der kleine Sandmann. Was Papa wohl sagt!

Aber passiert ist passiert. Und weil er nun einmal da ist, setzt er sich auf das Dreirad. Zuerst fährt er im Zimmer herum. Dann fährt er durch die Tür und auf die Straße. Und schließlich fährt er nach Hause.

Der Sandmannvater wartet schon vor der Tür.

»Wo bist du denn gewesen?« will er wissen. »Und was ist das?«

Der kleine Sandmann sieht seinen Vater an.

»Das Ding ist so schön, Papa«, sagt er. »Ich will es behalten.«

Dann erzählt er die ganze Geschichte, und der Sandmannvater stöhnt: »Furchtbar! Den Sandsack vergessen! Entsetzlich! Ich glaube, du wirst nie so ein Sandmann wie Opa und ich. Zur Strafe nehme ich dich die nächsten drei Tage nicht mit zur Arbeit. Und dies Ding da, das kommt dorthin zurück, wo es hingehört. Sofort!«

Der kleine Sandmann gehorcht. Er stellt das Dreirad wieder in Christians Zimmer. Dann will er heimgehen. Er ist sehr traurig. Er läßt den Kopf hängen, so traurig ist er. Er merkt nicht, wo er hingeht, und plötzlich steht er an der Müllkippe.

Der kleine Sandmann vergißt, daß er traurig ist. So etwas wie hier hat er noch nie gesehen: ein ganzer Berg aus Dreck und Abfall. Und wie das stinkt! Der kleine Sandmann schüttelt sich. Aber er geht noch näher heran. Denn dort auf dem Berg liegt nicht nur Dreck. Dort liegen auch Stühle und Sofas. Und Kühlschränke und Waschschüsseln. Und Schuhe und Matratzen und Regenschirme. Lauter nützliche Sachen. Was die Menschen alles wegschmeißen, wundert sich der kleine Sandmann. Das muß ich Papa sagen. Vielleicht können wir etwas davon gebrauchen.

Er tritt noch ein Stück näher. Da entdeckt er etwas.

Zwischen dem Kram liegt ein Ding! Genauso ein Ding wie das von Christian. Der kleine Sandmann läuft auf den Müllberg und zerrt es aus dem Gerümpel heraus. Doch er läßt es gleich wieder fallen. An dem Ding fehlen nämlich die Räder. Es ist nur ein halbes Ding zum Fahren. Der kleine Sandmann denkt nach. Dann fängt er an, in dem Gerümpel nach Rädern zu suchen. Er wühlt und wühlt. Doch ein Rad findet er nicht. Er findet nur ein anderes halbes Ding. Ein Ding ohne Lenkstange und ohne Sattel. Aber mit Rädern!

Der kleine Sandmann sieht die zwei halben Dinger lange an. Schließlich nimmt er sie unter die Arme und schleppt sie nach Hause.

»Ich habe was gefunden, Papa«, ruft er.

»Das da?« Der Sandmannvater schüttelt den Kopf. »Was soll der Quatsch?«

»Gar kein Quatsch, Papa!« ruft der kleine Sandmann. »Das sind zwei halbe Dinger zum Fahren. Daraus können wir ein ganzes machen!«

»Menschenblödsinn«, sagt der Sandmannvater.

»Gar kein Blödsinn, Papa!« ruft der kleine Sandmann. »Beim Fahren tun einem die Füße nicht weh. Man ist auch viel früher mit der Arbeit fertig. Und hat mehr Zeit zum Spielen!«

Der Sandmannvater schüttelt wieder den Kopf. Er nimmt seinen Sandsack und geht zur Arbeit.

Und auch der kleine Sandmann tut etwas: Er macht an dem Ding ohne Lenker die Räder los. Dann will er die Räder an dem anderen Ding befestigen. Doch das schafft er nicht allein.

»Du mußt mir helfen, Papa«, sagt er, als sein Vater nach Hause kommt. »Blödsinn, Junge«, brummt der Sandmannvater. »Wir haben nicht das richtige Werkzeug. Wo ist mein Fußwasser? Ich habe eine Blase am Zeh.«

»Vielleicht können wir Werkzeug machen«, sagt der kleine Sandmann. Er bringt dem Sandmannvater Wasser und ein Handtuch. Er trocknet ihm sogar die Füße ab. Und kitzelt sie ein bißchen. Da lacht der Sandmannvater. Er fängt an, mit dem kleinen Sandmann zu basteln, und sie machen aus zwei halben Dingern ein ganzes. Der kleine Sandmann setzt sich darauf. Er fährt zwei Runden. Sein Vater sieht zu. »Toll, Junge«, sagt er. »So ein Ding wäre gut für meine Füße!«

»Wir bauen dir eins, Papa!« ruft der kleine Sandmann. »Schnell! Zum Dreckberg!«

So geschieht es: Auch der Sandmannvater bekommt ein Dreirad. Es dauert ziemlich lange, bis es fertig ist. Aber eines Abends rollen der Sandmannvater und sein Sohn zusammen zur Arbeit. Die anderen Sandmänner stehen da und staunen.

»Wo habt ihr diese Dinger her?« wollen sie wissen.

»Die haben wir gebaut, mein Papa und ich«, sagt der kleine Sandmann stolz.

Und der Sandmannvater fügt hinzu: »Ideen muß man haben, Ideen!«

LUDWIG BECHSTEIN

Das Märchen vom Mann im Monde

Vor uralten Zeiten ging einmal ein Mann am lieben Sonntagmorgen in den Wald, haute sich Holz ab, eine große mächtige Welle, band sie, steckte einen Staffelstock hinein, huckte die Welle auf und trug sie nach Hause. Da begegnete ihm unterwegs ein hübscher Mann in Sonntagskleidern, der wollte wohl in die Kirche gehen, blieb stehen, redete den Wellenträger an und sagte: »Weißt du nicht, daß auf Erden Sonntag ist, an welchem Tage der liebe Gott ruhte, als er die Welt und alle Tiere und Menschen geschaffen? Weißt du nicht, daß geschrieben steht im dritten Gebot: ›Du sollst den Feiertag heiligen!‹?«

Der Fragende aber war der liebe Gott selbst; jener Holzhauer jedoch war ganz verstockt und antwortete: »Sonntag auf Erden oder Mondtag im Himmel, was geht mich das an, und was geht es dich an?«

»So sollst du deine Reisigwelle tragen ewiglich«, sprach der liebe Gott. »Und weil der Sonntag auf Erden dir so gar unwert ist, so sollst du fürder ewigen Mondtag haben und im Mond stehen, ein Warnungsbild für die, welche den Sonntag mit Arbeit schänden!«

Von der Zeit an steht im Mond immer noch der Mann mit dem Holzbündel und wird wohl auch so stehen bleiben bis in alle Ewigkeit.

LUDWIG AURBACHER

Der Schneider im Mond

Ein Schneider, der in den Himmel wanderte, verirrte sich in den Mond. Ein solcher Mann war auf dem Mond willkommen.

»Es friert mich so sehr«, sagte der Mond, »zumal in den kalten Winternächten; und da tät mir denn ein warmes Röcklein gar wohl.«

Der Schneider mochte wollen oder nicht, er mußte bleiben, und sogleich nahm er Maß an dem Mond. Der hatte aber einen großen Buckel und einen dünnen Bauch, und er sah schier aus wie ein Schneider, wenn er auf dem Bock sitzt.

Der Rock war indessen bald fertig und stand dem Mond aufs allernetteste, trotz seiner Mißgestalt.

Aber siehe da! Nun schwoll der Kunde von Tag zu Tag, und sein Bauch wurde immer dicker und der Rock immer enger. Da hatte dann der Schneider vollauf zu tun, um nachzuhelfen, aufzutrennen und anzusetzen. Zuletzt wurde der Mond ganz dick und fett und kugelrund, und der Schneider konnte kaum so viel Tuch auftreiben und so viel Zeit, um die Arbeit zu fertigen. Nun endlich glaubte aber der Schneider, er werde Ruhe haben und Urlaub bekommen.

Aber was geschieht? Jetzt fing der Mond an, ordentlich einzuschrumpfen von Tag zu Tag, so daß ihm das Kleid immer weiter wurde und an seinem Leibe schlotterte. Ja, was noch schlimmer war, er schwand jetzt immer

126

mehr am Rücken, während er vorn den Wanst behielt, und er sah zuletzt aus wie ein Gaukler, der sich rückwärts auf den Boden niederläßt. Da gab's dann für den armen Schneider fort und fort Arbeit; immer wieder mußte er nachhelfen und auftrennen und davontrennen, bis es recht war. Endlich, nach drei Wochen, bekam er Ruhe; denn der Mond legte sich jetzt schlafen und ließ sich mehrere Tage nicht mehr sehen. Unser Schneider aber, welcher der vielen und langen Arbeit satt geworden, verließ den Mond und setzte seine Wanderung fort.

Quellennachweis

Ludvik Askenazy, *Knotenrüssel.* © Jindrich und Ludvik Mann.

Hans Baumann, *Die Kinder und der große Drache.* © Elisabeth Baumann.

Ilona Bodden, *Das Traumeselchen.* © Elisabeth Rausch-Zimmer.

Nortrud Boge-Erli, *Vom kleinen Jungen, dem Träumerich und dem Löwipon.* © Nortrud Boge-Erli.

Max Bolliger, *Der kleine Stern,* aus: ders., »Weißt du, warum wir lachen und weinen?«.
© Verlag Ernst Kaufmann, Lahr.

Achim Bröger, *Sie kommen!,* aus: ders., »Geschwister, nein danke!?«. © Arena Verlag GmbH, Würzburg 1987.

Pearl S. Buck, *Wenn es dunkel wird,* aus: dies., »Geschichten für kleine Kinder«. © Rudolf Trauner Verlag, Linz 1969.

Georg Bydlinski, *Quakodil und Quietschodil,* aus: ders., »Das Kindernest«. © Verlag Herder, Wien 1980.

Michael Ende, *Zum Einschlafen zu murmeln,* aus: ders., »Das Schnurpsenbuch«. © K. Thienemanns Verlag, Stuttgart – Wien.

Josef Guggenmos, *Rosi läuft weg,* aus: Gelberg (Hrsg.), »Kinderland – Zauberland«. © Georg Bitter Verlag, Recklinghausen 1967.

Mascha Kaléko, *Der Mann im Mond,* aus: dies., »Wie's auf dem Mond zugeht«. © Jan Thorbecke Verlag, Sigmaringen 1982.

Inge Kellermann, *Gute-Nacht-Geschichte von den Zahlen,* aus: Jella Lepmann, »Die schönsten Gute-Nachtgeschichten«. © Verlag Ullstein GmbH, Berlin.

Irina Korschunow, *Der Sandmannvater und sein Sohn.* © Irina Korschunow.

James Krüss, *Wenn die Tiere träumen.* © James Krüss.

Leo Lionni, *Tico und die goldenen Flügel,* aus: ders., »Tico und die goldenen Flügel«. © Leo Lionni und Gertraud Middelhauve Verlag GmbH & Co.KG, Köln 1964 und 1966.

Tilde Michels, *Drei Wanderbären tauchen auf,* aus: dies., »Unser Gustav Bär«. © Benziger Edition im Arena Verlag GmbH, Würzburg 1990.

Tilde Michels, *Das Märchen vom Großen Bären,* aus: dies., »Unser Gustav Bär«. © Benziger Edition im Arena Verlag GmbH, Würzburg 1990.

Rudolf Neumann, *Nesthupferl für einen Uhu.* © Rudolf Neumann.

Ingeborg Pilgram-Brückner, *Der Webstuhl der Traumfee,* aus: dies., »Ein Weihnachtslicht für die Schöpfung«. © Kreuz Verlag, Stuttgart 1990.

Gert Prokop, *Die Wolke, die nicht regnen wollte,* aus: ders., »Gute-Nacht-Geschichten für verträumte Kinder«. © Benziger Edition im Arena Verlag GmbH, Würzburg 1992.

Margret Rettich, *Das Einschlafmärchen.* © Margret Rettich.

Gina Ruck-Pauquèt, *Faultier-Träume.* © Gina Ruck-Pauquèt.

Franz Sales Sklenitzka, *Räuberhöhlen-Geschichte,* aus: ders., »Pauls Bett-Geschichten«.
© Arena Verlag GmbH, Würzburg 1988.

Monika Seck-Agthe, *Der blaue Vorhang.* © Monika Seck-Agthe.

Leo Tolstoi, *Der große Bär,* aus: »Volkserzählungen – Jugenderinnerungen«. © Winkler Verlag, München 1961.

Renate Welsh, *Der kleine Affe und der Oberpapa,* aus: dies., »Schnirkel, das Schneckenkind, und andere Tiergeschichten«. © Verlag Jungbrunnen, Wien – München 1986.

Ursula Wölfel, *Die fürchterliche Alma und der großartige Tim,* aus: dies., »Feuerschuh und Windsandale«.
© K. Thienemanns Verlag, Stuttgart – Wien.

Wir danken den jeweiligen Autoren und Verlagen für die freundliche Genehmigung zum Abdruck vorstehender Beiträge. Sollten in »Wenn der Mond am Himmel steht« urheberrechtlich geschützte Werke aufgenommen worden sein, deren Quellen hier nicht angeführt sind, so konnten diese trotz intensiven Nachforschens des Verlages nicht ermittelt werden. Wir bitten die Besitzer solcher Rechte, sich mit uns in Verbindung zu setzen.